加谷珪一

JN178175

定年破産絶対回避マニュアル

講談社+α新書

はじめに　たいていの問題はある程度のお金と知識があれば解決できる

老後ライフを自分で選べる時代

寿命１００年時代が到来しようとしている。

よく知られているように、日本は世界有数の長寿国である。２０５０年には女性の平均寿命が90歳を超える見通しであり、日本人にとって寿命１００年というのは決して大げさな話ではなくなっている。

だが、日本における諸制度が寿命１００年時代に対応しているのかというとそうではない。

従来の雇用制度、社会保障制度は、寿命が短かった時代を基準に設計されており、寿命１

00年時代においてはうまく機能しない可能性が高い。

若い時は勉強に励み、会社に入って仕事に邁進《まいしん》し、定年後は引退するという従来型の人生設計は見直しが必至となるだろう。これからの時代は、基本的に多くの人が生涯にわたって労働を続けることになり、年金は賃金の補完という位置付けになる。

政府も徐々にではあるが対応を進めており、近い将来、公的年金や医療、雇用の諸制度は、長寿を前提にした仕組みにシフトする見通しである。

もっとも、一連の改革が、国民にとってバラ色なのかというとそうとは限らない。日本は他国に類を見ない急速な高齢化という問題を抱えており、政府の財政問題も先進国としては突出して深刻な状況である。すべての政策において、財源不足の問題に直面しており、改革の中身は、どうしても個人の負担を大きくするものにならざるを得ない。

多くの人がこうした事実に気付いているせいか、長寿社会の到来については、暗い話題になりがちである。だが、物事は考えようである。

希望すれば、一生涯、働けるということは、体力が続く限り、自力で経済力を維持できるということを意味している。昭和の時代は、今と比較して年金が手厚かったが、一部の人を除くと、定年後は引退するしか選択肢がなかった。自らの意思で老後のライフスタイルを選択できるということは、ある意味で画期的なことといってよい。

これに加えて社会のＩＴ化やグローバル化が進んだことで、資産運用の環境も大きく変わってきた。たしかに公的年金だけに頼ることはできなくなったが、工夫次第では、自らの力で資産運用を行い、老後を豊かにすることもできる。

実際、米国など諸外国に行くと、ごく普通のサラリーマンが、１億〜２億円の資産を持っており、老後を好きなように生きているケースをよく見かける。これは長期にわたって株式を中心にコツコツと資産運用を継続した結果であり、日本でもそうした世帯が徐々に増えてくるだろう。

実際、筆者も20年以上の時間をかけて資産運用を行い、数億円の資産を構築することに成功した。寿命１００年ということは、50歳から資産運用をはじめても、遅くはないということを意味している。

筆者は、定年破産を回避し、寿命１００年時代を上手に乗り切る最良の方法は、「一定の経済力を確保すること」と「制度をよく知ること」の２つだと思っている。そんな話は当たり前ではないか、とは考えないでほしい。

多くの人がその当たり前を実践できていないのが実状である。

日本には不完全ながらも、公的年金や国民皆保険による医療制度、介護保険制度など、社会保障のサービスが一通り揃っている。欧米各国、特に欧州と比較すると、残念ながらその水準はかなりお粗末というのが現実だが、ないよりはずっとマシである。

こうした制度が維持されている限り、一定の自己負担で、多くのサービスを受けることができるのだが、制度を上手に使いこなすには、ある程度のスキルと知識が必須となる。

つまり、一定のお金さえあれば、そして、こうした制度について理解する能力があれば、公的なサービスをうまく使いこなし、充実した生活を送ることは十分に可能である。言い方はよくないかもしれないが、たいていの問題は、お金と知識を持つことで解決できるのだ。本書はそうした生き方の一助になることを願って執筆したものである。

定年で資産運用を区切らない

寿命１００年時代において充実した人生を送るために、もっとも重要となるのは資産運用であることは論を待たない。

これまでは、定年まで働き、会社からもらった退職金と年金をうまく組み合わせて老後資金を確保するというのが一般的な考え方だった。多くの人が80代の前半までに亡くなるという状況であれば、それなりに機能するシステムだったといってよいだろう。

だが、人の寿命がさらに延びることになると、長い老後の期間を退職金と年金だけで暮らすというのは、よほどの貯蓄がなければ難しい。

しかも日本の公的年金は、現役世代が高齢者を支えるという賦課《ふか》方式となっており、高齢化時代には機能不全を起こしてしまう。寿命100年時代を見据えた場合、老後資金の確保について、根本的に考え方をあらためる必要が出てくるのだ。

このような状況において、最初に捨て去るべきなのは「本格的に資産運用を行うのは退職金をもらってから」という従来型の価値観だろう。

この価値観は、定年後には仕事をせず、年金でカバーできない分については貯金を取り崩すという考え方が（無意識的に）前提となっている。資産運用はあくまで年金の不足を補うものという位置付けである。

だが、生涯労働が当たり前となれば、生活資金はつねに働いて稼ぎ、運用も日常的に行うという考え方が主流になってくるはずだ。これは、若い人の資産運用の考え方と同じであり、定年（もしくは年金受給開始）後に運用を始めるという時間軸は意味を失うことになる。

筆者はこうした変化は望ましいことだと考えている。なぜなら資産運用の世界において、自らの都合で期間を区切ってしまうことはマイナスにしかならないからである。

株式市場や債券市場は、私たち個人の人生設計とは無関係に動いている。市場が私たちの都合に合わせて変化することはあり得ないので、私たちが市場に合わせるしか市場とうまく付き合う方法はない。

ベストな運用というのは、市場の動向に合わせてつねにポートフォリオを見直し、適度なリスクを取り続けることで実現できる。

そう考えると「退職金をもらったタイミングで運用を開始する」というのは少々危険な行為であることがお分かりいただけるだろう。

運用を開始しなければならないタイミングが投資にとって最適なタイミングとは限らない。運用経験が乏しかった人が、老後を迎えて急に資産運用に関心を持ち、その結果、適切ではない商品を金融機関から勧められてしまうケースが後を絶たないが、これも時間軸が強制的に区切られてしまうことの弊害といえる。

老後を迎える前から定常的に運用を続けるということになると、長期的な視点を持つことが重要となってくるが、実際、株式を長期で運用した場合、どの程度のリターンが得られるのだろうか。

詳しくは後述するが、過去50年のデータを分析すると、日本株は平均で年間約6％の収益を上げてきたことが分かる。

もちろんバブル期の高値で買ってしまえば下落が何年も続くので、当分の間、収益は大幅なマイナスが続いてしまう。毎年の株価という部分に絞っても、0〜25％程度の上下変動が存在するので、下落時に売ってしまえばやはりマイナスである。

ただ、長期間、投資を継続することができれば、こうした変動は徐々に収束していき、最終的には年6％の利回りに近づいていく。6％の利回りで複利の投資を実践すれば、20年後や30年後にはびっくりするような金額になっているはずだ。

こうした事例は過去のものであり、将来には当てはまらないと危惧する人もいるが筆者はそうは思わない。

企業の経営にはリスクが伴うが、そのリスクに見合う投資リターンとして年数％の利回りはどうしても必要な数字である。企業活動というものが存続する限り、資金を投じた人に対する一定の収益は保証されると考えるべきだろう。

寿命100年時代においては、収入の一定割合をつねに貯蓄し、その一部あるいは大部分を運用に回していくのが標準的なスタイルとなる。

余裕がある時は、投資で得られたリターンを再投資し、病気など一時的な支出が多くなった時には、収益から順次取り崩して必要な支出に充当する。株価は毎年変動するものなので、つねに利益が得られるとは限らない。長期的に運用することで、平均的な利回りを確保していくという考え方である。

長期的に、かつ安定的に資産から収益を生み出すスキルを身につけることができれば、見通しはかなり楽観的になるはずだ。

マイホームも投資である

資産運用を考える際に避けて通れないのが、不動産（マイホーム）である。

自己居住用の物件といっても、それは不動産という資産である。価値のある不動産を保有しているケースとそうでないケースとでは、経済的な選択肢に大きな違いが出てくる。寿命100年時代を豊かに過ごすためには、マイホームにも投資という観点が必要である。

実はここ数年、不動産市場では価格の二極分化という現象が顕著となっており、不動産の取得について、より慎重になる必要が出てきている。つまり、価格が上がる地域と上がらない地域の差が激しくなっているのだ。

日本では地価を示すいくつかの指標があるが、2018年に公表された基準地価がバブル崩壊以降、はじめてプラスに転じた。リーマンショック直前の好景気の際などに三大都市圏（東京圏、大阪圏、名古屋圏）の価格がプラスとなったことがあったが、全国平均はマイナスから脱却できなかったことを考えると、これは大きな変化といえる。

もうひとつの指標である公示地価もプラスに転じているので、長期にわたって続いてきた地価の下落はようやく下げ止まったと解釈してよいだろう。

しかしながら、今回の地価反転の状況をより詳しく観察すると、必ずしも手放しで喜べる状況とはいえない。地価上昇の恩恵を受ける地域とそうでない地域の格差はむしろ拡大しており、全体の底上げが見込めない可能性も見え隠れする。

今回の地価上昇で特徴的なのは、三大都市圏に加え、札幌、仙台、広島、福岡など地方中核都市の伸びが顕著だったこと、京都、沖縄の上昇率が大きかったこと、商業地の伸びが大きかったことの3点である。

三大都市圏の伸び率は、全用途で1・7％と前年の1・2％を上回ったが、地方中核都市の伸びは5・8％とさらに高い上昇率となった。中でも中核都市の商業地の伸びは極めて大きく9・2％もの上昇となっている。

地方中核都市の商業地が伸びているのは、首都圏などの地価高騰が地方に波及したとも解釈できるし、インバウンド需要が地方都市にも及んでいるとの解釈も可能だ。

こうした高騰ぶりと正反対になっているのが住宅地である。

たしかに全用途での上昇率はプラスに転じたが、これは商業地が牽引《けんいん》したものであり、住宅地はマイナス0・3％とプラス圏に浮上できていない。先ほど京都における商業地の上昇率が高いという話をしたが、同じ京都でも住宅地はほぼ横ばいにとどまっている。

住宅地の地価上昇が鈍いのは、人口減少の影響が大きいと考えられる。

日本は総人口の減少フェーズに入っているが、あらゆる地域で一律に人口が減少するわけではない。

全国レベルでは地方から首都圏へ、地方レベルでは農村地域から地域中核都市へ、さらには首都圏の中でも郊外から都心部へと人が移動しながら総人口が減っていく。人口が減ってしまうと、需要を維持することが難しくなるので、市場メカニズムによって都市部への人口集約が進んでしまうのだ。

つまり住宅という不動産は今後、場所によってはかなり不利な条件になる可能性が高く、物件の選択について吟味が必要となる。利便性の高い物件を選び抜かないと、たちまち不良資産になる危険性がある。

住宅については、持ち家か賃貸かという論争があるが、これはそれ以前の問題である。持ち家と賃貸を比較できるのは、保有する住宅の資産価値が保全されていればこそである。そうでない場合には、そもそも比較の対象にもならないだろう。

総人口の減少によって多くの賃貸物件が空き家となり、家を借りる条件は今後、かなり緩和される可能性が高いことも考え合わせると、筆者は、持ち家と賃貸のどちらがよいのかという論争は、いよいよ終焉《しゅうえん》しつつあると考えている。収益価値の高い物件なら買えばよいし、そうした物件が見つからないなら、賃貸の方が圧倒的に合理的だろう。このあたりについては、第3章で詳しく解説する。

保険に入る目的をハッキリさせる

保険は、マイホーム、自動車と並んで家計の三大支出項目のひとつであり、保険の金額をいくらにするのかによって、生涯のキャッシュフローは大きく変わってくる。逆に言えば、保険の金額を適正にしないと、十分な投資資金を捻出できない。

多くの人は、投資は投資、マイホームはマイホームと個別に考えているが、どちらも投資対象であることを考えると、こうした区分はナンセンスである。同じように保険も金融商品なので、別枠で考えるということはしない方がよいだろう。

保険を購入する目的は、あくまでもリスクをヘッジすることである。つまり、自分にはどのようなリスクがあり、それを回避するためには、いくらのお金が必要かという情報がなければ正しい保険を選択することはできない。

また、リスクをヘッジする上では、保険以外の手法もたくさん存在している。詳しくは第4章で解説するが、高額な生命保険に入るよりも、夫婦が共働きで、どちらも相応の年収を確保していることの方が、イザという時には圧倒的に効果の高いリスクヘッジ手段となる。

医療保険も同様である。

日本には不完全ながらも国民皆保険制度があり、重大な病気を含めて、治療のために個人が負担しなければならない金額は意外と少ない。場合によっては、医療保険がなくても、一定金額の貯金があれば十分に対応できることも多い。

何となくという理由で医療保険に入ると、たいていの場合、ムダな支出となっているので、この部分を見直すだけでもかなりの効果があるはずだ。

これまで、がんなどの重大な病気については、医療関係者があまり情報を出さないという傾向が強かった。患者や家族の側にも、真実を知りたくないという無責任な面があり、インフォームド・コンセント（患者が十分な情報を得た上で、納得して治療を受けること）とはほど遠い状況だった。

だが、時代は確実に変わっている。

がんの治療では最大の実績を持つ、国立がん研究センターは、近年、がん患者の5年生存率（相対値）のデータを積極的に公表するようになっている。

それによると2007年開始の調査における、すべてのがんを対象とした5年生存率は64・3％だった。つまり全体的な話としては、がんにかかっても6割以上の人が5年以上生存できていることを意味している。

1960年代の5年生存率は男性が30％、女性が50％程度だったことを考えると、ここ半世紀でがんの治療成績は大きく向上したことが分かる。

治療に対する考え方も徐々に変化している。

かつては、ひたすら生存期間を延ばすことに焦点が当てられていたが、最近は患者の生活の質（QOL：クオリティ・オブ・ライフ）も考慮されるようになってきた。つまり患者の側に治療方法や治療期間中のライフスタイルへの選択肢が出てきたことを意味している。

女優の樹木希林さんは、2013年にがんで治療中であることを公表し、体調をコントロールしながら仕事を続け、2018年9月に亡くなった。

これからは樹木希林さんのように、主体的に病気と関わり、可能な範囲でコントロールしていくというライフスタイルが広がる可能性が高い。当然のことだが、ここには保険をどう位置付けるのかというテーマが密接に関わってくるし、自身に一定の経済力があれば、その選択肢は大きく広がることになる。

介護は事前の準備がモノを言う

経済力の違いが生活を左右するという点では、介護はさらにその傾向が強くなるだろう。日本社会には前近代的な風潮が色濃く残っていたことから、老後の面倒は家族が見るというのが半ば常識となっていた。専業主婦世帯も多かったことから、事実上、介護の仕事は家庭内で女性が行うという暗黙の了解が出来上がっていたといってよい。

しかしながら、核家族化や女性の社会進出が進んだ今、専業主婦世帯はほぼ消滅しつつあり、こうした前提条件が成り立たなくなっている。しかも、日本の就業率は先進国の中でも突出して高くなっており、もはや、男女問わず労働しないと経済が支えられない状況となっている。

このような環境では、家族が老後の面倒を見るというタテマエは成立しなくなっている。日本には、決して十分とはいえないまでも介護保険制度があり、一定範囲までなら、少ない自己負担で介護サービスを受けることができる。

こうしたサービスをうまく利用できるかどうかで、介護生活の質は大きく変わってくるし、月10万円の自己負担を何とか捻出できる経済力があれば、サービスの選択肢はさらに広がってくる。

両親や自分自身が元気なうちから制度についてよく理解しておき、もし要介護になった場合にはどうするのかという戦略を立てていた人とそうでない人には、雲泥の差が生じる可能性が高い。

介護は脳梗塞や転倒によるケガなど入院がきっかけになるケースも多く、いきなり介護生活に放り込まれるリスクは誰にでもある。事前に準備しておくことが何よりも重要である。

仕事は40歳を境に前後に分ける

寿命100年時代にスムーズに対応するためには、一定の経済力を持つ必要があるわけだが、経済力を身につけるには二つの方法がある。ひとつは、稼ぎを多くすることで、もうひとつは支出を少なくすることである。

毎年の年収を大きく増やすことは難しいかもしれないが、生涯労働であることを前提に、仕事のキャリアパスをより長い視点で構築できれば、トータルで得られる収入を増やすことは十分に可能である。

具体的には40歳前後で人生を前半と後半に分け、前半の時から後半戦の準備をしておくことが重要となる。残念ながらすべての人が組織で高い地位に出世できるわけではなく、組織としてはリーダーになる人は早期に選抜したいと考えている。

そうであるならば、ある程度の段階で社内での出世について見切りを付け、自身の過去の経験をどれだけ組織内で生かせるのかという観点でキャリアを再構築した方がよい。仮に役職がつかない形で組織内に残る形であっても、組織内に確実なニーズがあれば、相応の処遇が検討されるはずだ。

一方で、業務上のノウハウを汎用化できれば、転職や副業といった形で収入を落とさない生活を模索することも可能となる。昇給によって収入をアップすることに血眼《ちまなこ》になるよりも、長期的には圧倒的に効率がよいだろう。

同時に見直すべきは私生活の支出である。

これまでの日本は年功序列の賃金体系となっており、年を取るほど給料が増えるのが当たり前だった。このため家計も年を取るほど肥大化する傾向があり、これが老後の生活を苦しくさせる原因となっていた。

海外では、日本ほどにはこうした問題が発生していないのだが、その理由は、給料が年次ではなく職種で決まるケースが多いからである。

同一労働同一賃金の場合、同じような仕事に就いている労働者の給料は、20代でも40代でもそれほど大きな違いにはならない。勤続年数が長い分、スキルが向上しているので収入は増えるケースが多いが、あくまでそれはスキルに対する支払いである。

このため年を取ると生活が肥大化するということはあまりない。

日本では同一労働同一賃金は実現していないが、年功序列の体系が崩れるのはほぼ間違いない。生活の支出を全面的に見直し、シンプルでコンパクトなライフスタイルに変えていくのが望ましい。40歳前後の支出から大きく増やさず、その生活水準を維持できれば、老後の生活はかなりラクになるだろう。

一連の取り組みを確実にこなしていけば、長寿社会を恐れる必要はまったくない。

多くの人にとって仕事は生きがいであり、むしろ長く仕事を続けられることは、人生の充実感をより高めてくれるだろう。

◉目次

おわりに　寿命１００年時代に求められる新しい価値観

第1章

投資1

株式での資産運用は必須の時代

デフレよりインフレに

すでに多くの人が認識していると思うが、公的年金を運用する年金積立金管理運用独立行政法人（GPIF）は、安倍政権の強い意向を受け、国債を中心とした安全運用から株式中心のリスク運用へと方針を百八十度変更している。

公的年金は多くの国民にとって最後の砦《とりで》となる資産であり、こうした大事な資産をリスク運用に晒《さら》してよいのかという点については今でも意見が分かれている。

国内の消費は弱く、デフレ傾向が顕著だといわれるが、一方で日本は経済活動の多くを輸入に頼っている。海外の物価は国内の動向と関係なく決まるので、海外の経済成長が進めば、日本はどうしてもその影響を受けてしまう。

グローバルな金融市場の動きを考えた場合、そして、長期的な視点に立った場合、日本は今後、デフレよりもインフレになる可能性の方が高い。

もしそうならば、国内の物価はジワジワと上昇していくことになるだろう。

物価が上昇する局面において、現金を保有していたり、債券中心の投資を行っていることは大きな損失につながる。筆者は公的年金の本格的な株式シフトについて全面的に賛成する立場ではないが、インフレの進行を考え、公的年金の運用をリスク資産にシフトしていくことについては、一定の合理性があるとみてよいだろう。

公的年金の運用が株式にシフトした以上、私たちは、株価の動向に応じて年金積立金の収益が上下にブレることについて、ある程度、覚悟しなければならない。これは個人の資産運用についてもまったく同じであり、わずかのマイナスも精神的に耐えられないということになるとリスク運用を続けるのは難しい。

一方、株式会社は利益を上げ続けることが宿命であり、企業というものが存続する限り、株式への投資は相応のリターンをもたらしてくれる。投資に対する一定のリターンが確保されないと、企業に投資する投資家はいなくなり、企業は自由に資金調達を実施することができなくなってしまう。

その意味では、今も昔も資産形成の基本は株式投資であり、その傾向は今後も変わらないと考えられる。

年金という国民にとっての最後の砦となる資産がリスク運用にシフトしている以上、個人の資産形成が現金一辺倒ではバランスが取れない。

これからの時代においては、できるだけ資産を分散することでリスクを抑えつつも、株式に対する投資を徐々に増やしていくのが望ましい。寿命100年時代における投資戦略の基本は、国内外の優良株に対する長期投資ということになるだろう。

時間を味方につけることの重要性

では株式中心のリスク運用を行った場合、どの程度の収益が見込めるものなのだろうか。寿命100年時代においては、まとまったお金をあるタイミングで投資するのではなく、毎年、収入の中から一定金額を投資に回していくイメージになる。ここでは毎年100万円を30年間投資し続けるというケースを考えてみたい。

毎年、100万円を銀行に貯金していけば、利子を考えない場合、30年後には3000万円になっている。ここでは3000万円という金額を基準に比較検討を行う。

ちなみに、過去50年のデータを分析すると、日本株は平均すると約6％の年利回りがあった。もちろんバブルの頂点など最悪のタイミングで投資してしまった場合にはこの数字は当てはまらないし、今後も同じ利回りが続く保証もない。

だが先ほど説明したように企業は利益を上げることが宿命付けられており、普通に考えれば今後も同じような利回りが確保できる可能性が高いだろう。つまり、長期で投資をすれば、理論上、どのタイミングで買っても６％程度のリターンは得られそうだと解釈できる。
毎年１００万円を積み立てるという先ほどのケースに６％のリターンを当てはめてみると、その結果は驚くべきものとなる。30年後の金額は何と８３００万円を超え、億の単位が見えてくる。つまり、富裕層が持つ資産規模が視野に入り始めるのだ。

当然だが、この数字はいわゆる「とらぬ狸の皮算用」である。

株式投資にはリスクが伴うので、確実に６％のリターンが保証されるわけではない。では、実際にはどの程度の金額になるのだろうか。

先ほど筆者は、日本株は過去50年の平均で年間約６％程度のリターンがあると説明した。一方、日本株の過去の平均的なリスクは±25％程度である。リスクというと一般的には危険性という意味で使われているが、投資理論の世界では少しだけ定義が違っている。

投資理論におけるリスクという概念は、１年間のうちに株価が上下変動する幅のことを示している。25％のリスクと言えば、厳密には統計学上の１σ《シグマ》（約68％）の確率で株価が上下25％の範囲内に収まることを意味している。

基本的に株価は毎年６％ずつ上昇するものの、毎年25％のブレが生じる可能性があるという意味だ。上にブレれば、期待収益よりもさらに大きな金額になるし、下にブレれば期待収益を下回ることになる。

投資する期間が長ければ長いほど、こうした株価のブレの影響を小さくできるので、平均的なリターンに近づいていくことになる。

最終的な金額がいくらになるのかについては、ちょっとしたシミュレーションを行ってみた。パソコン上で一定の確率分布で乱数を発生させ、何千回も試行を繰り返すというモンテカルロ法という手法を用い、30年後の資産分布を推定した。

結果は、6%の利回りで投資を続けた場合の金額である8300万円を超える確率は30%ほどになった。

何もしないで貯金だけを続けた場合の金額である3000万円を超える確率ということになると、こちらは70%に達する。一方、3000万円を下回ってしまう人も30%ほど出てくる結果となった。

整理すると、約3分の1の人が億近い資産を作り、3分の1の人は、そこまではいかないが貯金するよりも資産を増やしている。そして残りの3分の1の人は、残念ながら貯金するよりも金額を減らしてしまっている。

【図１】リスク分散して1985年から30年間、
毎年100万円ずつ投資を続けていたら？

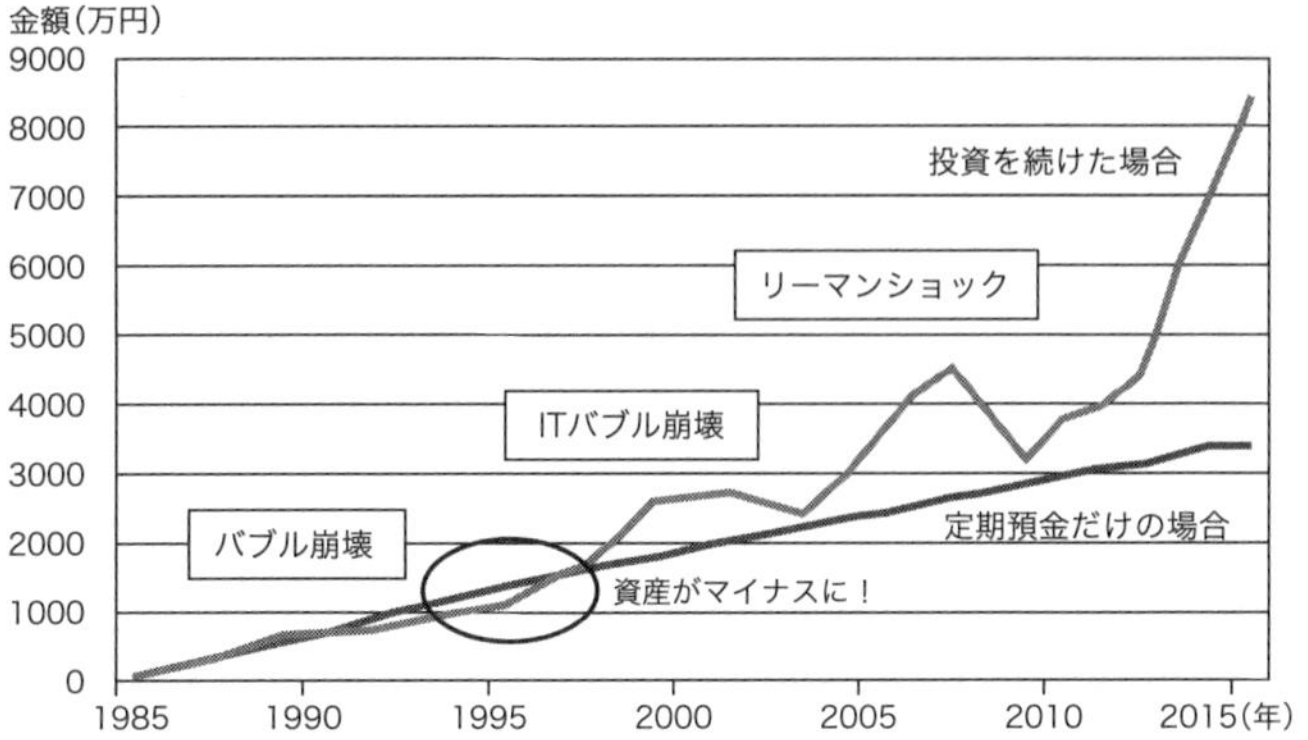

出所）各種データから筆者作成

長期投資は個人投資家の特権

３分の２の確率で資産を増やすことができ、しかも３分の１は１億円近い水準の資産となる一方、３分の１は元本割れを起こしてしまう。この現実をどう解釈するのかが、まさに投資の醍醐味といってよい。

チャンスが大きいと感じる人はぜひ投資に取り組んでほしいし、逆に怖いと思うのであれば、あまり欲は出さずにコツコツと銀行預金を続けるのがよいだろう。

最終的に投資を行うかどうかは個人の価値観次第である。筆者はチャンスが大きいと感じるし、実際にそう考えて株式投資を継続的に行い、相応の資産を築いてきた。

前記はあくまでシミュレーションだが、現実はどうだったのだろうか。１９８５年から２０１５年まで毎年１００万円ずつ株式投資を積み重ねたケースについて検証を行った（図１）。

実際に投資を行う場合、日本株一本に絞るのはリスク管理上、好ましくないことから、公的年金を参考に資産の分散を行ってみた。ここでは日本株（ＴＯＰＩＸ）と米国株（Ｓ＆Ｐ５００）に分散投資し、ヘッジとして金を購入したケースを想定している。

公的年金は、金は保有しておらず、その代わり債券でリスクヘッジをしているが、資産額が少ないうちは、債券投資は割に合わないので、株式と金のみの構成とした。

資産構成の比率は日本株が50％、米国株が30％、金が20％。毎年１００万円ずつ追加投資を行い、株式からの配当はすべて再投資に回したと仮定する。配当の税金は考慮していない。

１９８５年から２０１５年までということになると、１９８０年代のバブル経済とその崩壊、２０００年のＩＴバブルとその崩壊、そしてリーマンショックなど、あらゆる山と谷を経験することになる。

株式などに投資せず、銀行の定期預金だけに頼った場合、30年後の２０１５年には利子を加えると約３４００万円になっている。

利子がない場合と比較すると４００万円のプラスである。もっとも１９８０年代は数％の利子がついていたのでトータルで４００万円も利子がもらえたが、今は難しいかもしれない。

一方、銀行に頼らず、株式投資を続けた場合の資産残高は、バブル崩壊後に多少、銀行預金を下回ったものの、時間が経つにつれて残高は銀行預金を上回った。

最終的な金額は８４００万円となり、これは銀行預金だけに頼った場合の２・５倍である。先ほどのシミュレーションでは６％利回りで得られる金額（８３００万円）を超える確率は３割と説明したが、現実はちょうど同じような金額に落ち着いていたのだ。

注目すべきなのは、バブル崩壊やリーマンショックにおける資産残高の推移である。バブル崩壊では、残念ながら一時期、銀行預金を下回ったが、ＩＴバブル崩壊やリーマンショックでは銀行預金を下回らなかった。これは過去の利益の蓄積が大きいことに加え、金という代替資産がうまく損失をカバーしたからである。

長期的に株式に対して積立形式で投資を続けることは、資産形成において重要な役割を果たすことがお分かりいただけるだろう。大事なことは、日本株だけに頼らず、外国株も含めたポートフォリオを組むことと、長期で投資に取り組むことの2点である。

プロの投資家は、ファンドの期限があるので、一部の特殊なファンドを除き、超長期で投資に取り組むことはできない。腰を据えて投資するというのは、個人投資家だけに与えられた特権といってよいものであり、これを利用しない手はない。

長期投資はトレンドが読みやすい

長期投資には、短期的な投資と比較してトレンドが読みやすく、戦略を立てるのが容易というメリットもある。

長いスパンで見ると、株価は循環的な動きをしながら上昇を続けていく。戦前から通算すると、日本の株式市場には、3回の大きな上昇相場と、3回の長期停滞があった。

こうした長期の上昇相場と停滞期は基本的に交互にやってくると思ってよい。

最初の大相場は明治から大正にかけての40年間である。前半20年と後半20年という二つの相場があったと分けて考えることもできる。

当時の日本は近代化が始まったばかりで、今のアジアの新興国のような状況だった。日清戦争・日露戦争という大きな戦争を経験したこともあって、株価の上下変動は激しかったが、トータルすると年平均で10％も株価が上昇している。その後、日本は太平洋戦争という無謀な戦争に突入し敗戦を迎えるまで、20年間の長期停滞期に入る。

この間には、莫大な戦費を国債でまかなったことによる財政破綻など、現在のギリシャやベネズエラに通じるような事態も発生している。

戦後は、高度成長期とバブル期という2回の長期上昇相場を経験している。

高度成長期の相場は1945年から1960年までの15年間、バブル相場は1975年から1990年までの15年間となっている。

戦後における最大の停滞期は、つい最近まで継続していた長期デフレであり、いまだにその状態から完全に抜け出せていない。

これらのトレンドを総合的に観察すると、長期の相場が継続する時間はおおよそ決まっていると考えてよい。

上昇相場は通常、20年程度継続し、停滞期は15年から20年程度続く。

しばらく続いてきたデフレ停滞期は、バブル期のピークだった1989年を起点にすると、すでに30年近く経過している。これは歴史的に見ても、異常に長い停滞期間であり、諸外国でもこうしたケースは見当たらない。

一方、こうした超長期の循環の中にも、数年タームの循環が見られる。長く続いたデフレ期間の中だけでも、2000年のITバブル、2003年から2007年まで続いた、いわゆる小泉構造改革相場、2013年から続いているアベノミクス相場という3つの上昇相場があった。

短期的には株価はさまざまな要因で上下変動するため、その動向を予測するのは難しいが、長期的なトレンドは読みやすい。ひとたび上昇相場がスタートすれば、かなりの期間、それが継続するので、後になってから参戦しても十分に間に合う。

多くの人は、株価の上昇幅や下落幅だけを見て、上がる、下がる、を予想してしまう。だが、こうした歴史を知っていれば、上昇幅よりもむしろ時間の方が重要であることが分かってくるので、より合理的に戦略を立てられるはずだ。

iDeCoの税制は大盤振る舞い

もっとも、長期投資を淡々と続けるためには、ある程度の「胆力」が必要となる。その点においては、投資信託などの金融商品や、自動的に積立投資を行う各種サービスを有料で利用するというのも一つの選択肢といってよい。

筆者は、投資に対するスキルを身につけるためには、他人にお任せしてしまうのではなく、直接、自分で投資した方がよいと考えている。ただ、最初の一歩がなかなか踏み出せないという場合には、こうしたサービスを検討してみてもよいだろう。

このところ、政府が推奨する資産形成促進制度である「つみたてＮＩＳＡ（積立ＮＩＳＡ）」と「ｉＤｅＣｏ（イデコ）」に注目が集まっている。投資に興味がない人でも、メディアの記事などで一度は目にしたことがあるだろう。

政府は20年以上も前から「貯蓄から投資へ」というスローガンを掲げて投資を促してきたが、笛吹けども踊らずで、投資へのシフトはほとんど進んでいなかった。現時点においても、「つみたてＮＩＳＡ」と「ｉＤｅＣｏ」の利用者数はそれほど多くないが、以前と比較すると関心はかなり高まっている。

従来の制度と比較した場合、つみたてＮＩＳＡとｉＤｅＣｏにおける最大の特徴は非課税となる範囲の広さである。

どちらも運用益は非課税だが、ｉＤｅＣｏの場合には、投資した金額も所得税や住民税から控除される仕組みになっている。税金をむしり取ることばかりの日本の税制を考えると、これは破格の措置であり、他に例がない大盤振る舞いといってよい。

逆にいえば、政府が国民の資産形成の先行き（端的にいえば年金が減るリスク）について、相当の危機感を持っているということでもある。

このようなサービスを利用するメリットは、節税ということもあるが、機械的な投資が実現できるという点も大きい。

人間の心理として、株価が上昇している時は気分が高揚するので、追加投資をしてみようという気になりやすい。だが株価が上昇している時に追加投資をすると条件はどんどん悪くなる。例えば1株1０００円の銘柄があり、1万円の投資資金を持っている場合、この銘柄は10株購入することができる。しかし、次の年、株価が２０００円に値上がりしてしまうと、同じ1万円の予算では5株しか買えない。

逆に同じ銘柄が５００円に値下がりしていた場合には、今度は20株も購入することができる。最終的な投資リターンを考えた時、値下がりしている時に、たくさんの株数を買っておくことは極めて重要な意味を持つ。その点において、毎月の積立方式であれば、相場が良い時にも悪い時にも機械的に投資を続けられるので、心理的な影響を排除することができる。

株価の下落が10年以上も続くことはあまりないので、相場が悪い時にも投資を継続していれば、最終的にはそれなりの成果が得られているはずだ。

ちなみに、つみたてＮＩＳＡの場合、投資期間は20年と短いが、その間にいつでも資金を引き出すことができる。一方、ｉＤｅＣｏの方は、60歳になるまで原則として資金の引き出しはできない。

どちらがよいのかは投資の目的によって変わってくるだろう。完全に年金の補完にしたいという人はｉＤｅＣｏを選択した方がよい。投資した資金について、一括でもらうこともできるし、分割で受け取ることも可能だ。一方、つみたてＮＩＳＡは、もう少し短いタームで資産を作りたいという人に最適な制度である。

ＡＩ投資も選択肢のひとつ

若い世代では、ＡＩ（人工知能）を使って自動的に投資を行ってくれる新しいサービスへの関心が高いようだ。

ここ数年、ＡＩに関する技術が急速に進歩してきたことで、あらゆる分野においてＡＩ化の試みが行われている。資産運用の世界も例外ではなく、ＡＩを使った投資サービスが登場してきている。

ウェルスナビは、ポートフォリオの構築や実際の運用をすべてロボットにお任せできるサービスである。

ＥＴＦ（上場投資信託）を中心に最低10万円から運用をスタートできる。運用方針については年齢、年収、資産額、投資目的などに関する簡単な質問に答えるだけで自動的に決定され、あとは資金を振り込むだけで、自動的に買い付けがスタートする。

資産運用はポートフォリオを構築して商品を買い付けるだけでは不十分である。

市場の動きに合わせてポートフォリオの内容を随時、更新していかなければならない。

これを資産運用の世界ではリバランスと呼んでいるが、ウェルスナビではこのリバランスについても完全自動化している。一旦、資金を振り込んでしまえば、後は完全にほったらかしでＯＫだ。

手数料は資産残高が３０００万円までは資産額の１％、３０００万円を超える分については０・５％が毎年徴収される。買い付けや売却などの手数料は発生しない。購入するＥＴＦには当然手数料がかかっているが、こちらは運用金額の中から間接的に控除されてしまうので、同社の手数料とは別の扱いになる。

テオ（ＴＨＥＯ）もウェルスナビと同じような運用サービスを提供している。ウェルスナビと同様、簡単な診断でポートフォリオを作成し、自動でリバランスを行う。手数料体系もほぼ同じだ。このほか、楽天証券やマネックスといったネット証券会社、みずほ銀行などの既存金融機関もロボット運用サービスを提供している。

これらのサービスはAIというほどのものではなく、古典的なポートフォリオ理論にしたがって、システムが最適なポートフォリオを計算し、売買を自動化するサービスといった方が適切である。ポートフォリオ理論を使っておおよその資産構成を考え、自身が口座を持つ証券会社経由でETFや投資信託を買えば、似たような運用はすぐに実現できてしまう。

だが、金融機関のカウンターなどで営業担当者といろいろとやり取りしながら資産運用を行っていた従来のやり方と比較すればかなりスマートになった。特にリバランスについてほったらかしにできるのは、忙しいビジネスパーソンには便利かもしれない。

手数料は意外と高い

一連の新しいサービスの最大の欠点はやはり手数料だろう。

金融商品や金融サービスの手数料は通常、投資金額に対して何%という形で提示されるが、これが意外とクセモノである。

例えば、手数料が2%の投資信託があると仮定しよう。仮にファンド・マネージャーがうまく運用して、初年度は5％の利益が出たとする。しかし手数料が2％かかるので、最終的に投資家が得られる利益は3％しかない。

投資金額に対するパーセントで示されるとピンと来ないかもしれないが、分かりやすく書くと以下のようになる。

100万円を投資して5％の利益なので、投資収益は5万円である。ここから2万円の手数料が引かれ、手元に残る利益は3万円ということになる。つまり投資で得た利益の4割が手数料として抜かれてしまう計算だ。利益の4割が手数料と聞くと、かなり高いという印象を持つ人が多いのではないだろうか。

しかも、この手数料は毎年必ず差し引かれる。仮に利益が出ていなくてもしっかり2％は取られてしまうので、10年も投資をしていると、価格が変化しない場合には、手数料の総額は20万円にもなる。長期になればなるほど、手数料が全体の足を引っ張る構図になるということを理解しておくべきである。

こうしたことを前提に、各種のサービスについて検討すると、少し見方が変わってくるかもしれない。

つみたてＮＩＳＡとｉＤｅＣｏは、購入できる商品が制限されており、自由に商品を選ぶことが難しい。商品の中には、手数料が高めのものもあり、場合によってはせっかくの節税メリットが手数料で帳消しになってしまう。長期になればなるほど手数料の影響は大きくなるので注意が必要だ。

ＡＩ投資も同様で、ある程度、投資が分かっている人にとっては、単なるポートフォリオの作成やリバランスで1％の手数料を取られるというのは、割高に感じるかもしれない。このあたりはライフスタイルとの兼ね合いになるので、それぞれの価値観で判断するしかないだろう。

投資は基本的にスポーツと同じで、習うより慣れろという言葉があてはまる世界である。時間を味方に付けるという意味でも、経験値を増やすという意味でも、思い立ったらすぐに投資を始めた方がよい。多くの投資手法を経験した筆者として断言するが、経験豊富な人ほど投資は有利になる。もし、投資を始めてみようと思っているなら、すぐにでも口座を開設した方がよい。

実際に銘柄を探して、購入し、値上がりと値下がりを実体験することは、投資に関する本を10冊読むよりも、はるかに多くのことを教えてくれるはずだ。

第2章 投資2 避けて通れないグローバル投資

プロ投資家に起きている異変

このところ、プロの資産運用の世界ではちょっとした異変が起こっている。多くの上場企業において、日銀やＧＰＩＦ（年金積立金管理運用独立行政法人）など公的な投資家が筆頭株主として名前を連ねる一方、企業年金基金の多くがポートフォリオにおける日本株の比率を急速に引き下げている。

一連の変化は、経営環境や投資環境のグローバル化が想像以上に進んだことで、日本株に投資をするという選択肢が大幅に狭まったことが背景となっている。

政治的には、内向き志向や反グローバリズムが高まっていると言われるが、マネーの世界はむしろ逆方向である。

多くの人が、外国株は熟練した個人投資家が取り組むべきものと思っているが、筆者はそうは思わない。意外かもしれないが、投資の初心者であればなおさらのこと積極的に外国株への投資を検討すべきと考える。

堅実な資産運用を長期にわたって継続するためには、安全・確実な銘柄に投資をすることが重要となるが、その条件に合致する日本企業は少ない。グローバルに見た場合、日本企業の多くはハイリスク・ハイリターン銘柄の部類に入ってしまい、熟練者でなければ取り組みにくいというのが現実なのだ。

現在、多くの上場企業において日銀やGPIFが大株主になっている。例えばGPIFは2017年3月末時点においてトヨタ自動車の株式を約1億9500万株保有しているが、これはトヨタの発行済株式数の約5・9％にあたる。

トヨタの筆頭株主は日本トラスティ・サービス信託銀行となっており持ち株比率は11・28％、第2位はトヨタグループの豊田自動織機で、持ち株比率は6・93％である。第3位は日本マスタートラスト信託銀行で4・73％となっている。

GPIFは信託銀行経由で投資をするので、株主名簿にGPIFの名前が出ることはないが、筆頭株主である日本トラスティ・サービス信託銀行はGPIFの株式資産を管理している会社であることを考えると、同行の持ち分にはGPIFの持ち分が含まれている可能性が高い。

自然に考えれば、GPIFはトヨタにおける第2位の大株主ということになる。豊田自動織機はグループ会社なので、実質的にGPIFは筆頭株主といってよいだろう。

これは他の企業でも同じであり、日銀もしくはGPIFが筆頭、あるいは第2位の株主になっているところが多い。このような状態になってしまった最大の理由は、公的機関が市場規模の適正値を超えて日本株を買い続けたからである。

日銀が日本株を購入した理由は、量的緩和策の一環である。

市場にインフレ期待を持たせるため、日銀は国債の大量購入と同時に日本株のＥＴＦも買い進めてきた。一方、ＧＰＩＦは安倍政権の意向による運用方針の転換によって、年金の資金をリスクマネーに投じるようになった。

ＧＰＩＦが株式を積極的に購入していることについては、国民から多くの支持を得ている安倍政権の目玉政策の一つであることを考えれば、国民が選択した結果といってよい。

だが日本の株式市場がその資金の受け皿としてふさわしいのかは別問題である。多くの日本企業において公的機関が筆頭株主になったという事実は、日本の株式市場には、巨額マネーをスムーズに吸収するだけの余力がもはやなくなっていることを示している。

投資すべきは楽天か、アマゾンか

公的機関が日本企業の持ち株シェアを拡大させる一方で、企業年金のポートフォリオにおける日本株の比率はこのところ大きく低下している。

アベノミクス以降、多少の上下変動はあったにせよ、日本株は順調に上昇してきたことを考えると、この動きは少々不可解に見える。

おそらく企業年金は、日本株の比率を積極的に下げようとしてきたわけではないだろう。だが、合理的な基準で投資対象を選別していく過程において、必然的に日本企業への投資割合が減ってしまったものと考えられる。このような現象が起きる背景となっているのは、企業活動のグローバル化（標準化）である。

ここ数年の間に、ITをベースにした企業活動の標準化が急激な勢いで進展し、多くの企業が、国や地域に関係なく同じ枠組みの中でビジネスをするようになってきた。つまり国内企業、外国企業といった形で切り分けること自体がナンセンスになっているのだ。

もっとも分かりやすい例は楽天だろう。

楽天はグローバル展開を試みてはいるものの、基本的には「楽天市場」という国内のネット通販サービスと、楽天証券に代表される国内金融サービスが主体である。従来の考え方では、ネット銘柄であると同時に、内需銘柄という位置付けになるはずだ。

ところが楽天の最大のライバルはどこか、と考えた場合、それはアマゾンにならざるを得ない。アマゾンは全世界統一の基準を持ち、楽天にはないテクノロジーを駆使した新しいサービスを次々に投入している。

今後のネット通販の勝敗を握るのは、ＡＩ（人工知能）の開発能力であることはもはや常識となっており、楽天がアマゾンの追撃を振り切るためには、アマゾンと同等か、それ以上のＡＩサービスを投入しなければならない。

これがスーパーなど従来型小売店であれば、商習慣のカベが大きく外国企業の日本進出は容易ではなかったはずだが、ネットの商習慣は世界標準であり、どの国でもたいした違いはない。楽天は国内企業なのでアマゾンとは違うのだという論理は成立しにくいのだ。

ネット通販は今後も伸びるか、と質問すれば多くの人が「伸びる」と回答するだろう。そうであるならばネット通販は有望な投資対象ということになるが、投資ポートフォリオ全体のバランスを考えた場合、ネット通販企業には1社しか投資できないと仮定する。この時、投資すべきなのは国内企業である楽天だろうか、それともグローバルに展開するアマゾンだろうか。

本社所在地という区分さえ取り除いてしまえば、多くの人がアマゾンに投資したいと考える可能性は高い。グローバルな企業活動が当たり前になった今、ポートフォリオの中にネット通販を1社加えるなら、楽天ではなくアマゾンというのが自然な結論だろう。

優良企業コマツも見方を変えれば

建機大手のコマツも同様である。

コマツの業績は良好であり、日本の中ではグローバルに通用する数少ない企業のひとつである。しかしながら、グローバル市場から見た時のコマツは、健闘はしているものの、業界トップである米キャタピラーにどうしても追いつくことができない万年2位企業という位置付けにならざるを得ない。

キャタピラーの2017年12月期の売上高は約5兆円だが、コマツは2兆5000億円（2018年3月期）と半分しかない。時価総額もキャタピラーが約8兆円あるのに対して、コマツは約2兆7000億円と3分1程度にとどまっている。

建機のビジネスはグローバル化が以前から進んでおり、最近ではITを活用し、納入した建機の稼働状況をつねにメーカー側がモニターするのが当たり前になっている。キャタピラーとコマツの両社は共に同様のシステムを持っており、同一の市場で競争している。両社に投資を検討する投資家にとって、本社所在地はあまり重要な問題ではない。

一方、投資の世界にはポートフォリオという概念があるため、建機の分野での投資は1社に限定される可能性が高い。

この時、投資家はコマツに投資をするだろうか、それともキャタピラーに投資をするだろうか。この話は、自身が自動車メーカーへの投資を検討する場面に置き換えてみれば分かりやすいだろう。

トヨタもホンダも優良企業ではあるが、ホンダの売上高や利益はトヨタの半分以下である。自動車メーカーの中で1社ということになれば、初心者ならやはりトヨタを選択するのではないだろうか。建機に投資をするなら、そして初心者であるならなおさらキャタピラーの方がよいという結論になるはずだ。

もしコマツに投資妙味がある（投資する醍醐味がある）とすれば、多少リスクを取ってキャタピラーを追撃する態勢を整えた時だろう。だがこうした銘柄への投資はどちらかというとハイリスク・ハイリターンの投資であって、長期投資を志す投資家のやり方ではない。

初心者こそ外国企業に投資せよ

図2は日本の大手企業と、同じ分野で活動する外国企業の売上高と営業利益をマトリックスにしたものである（2017年度決算での比較）。

【図2】国内外企業における売上高と営業利益のマトリックス

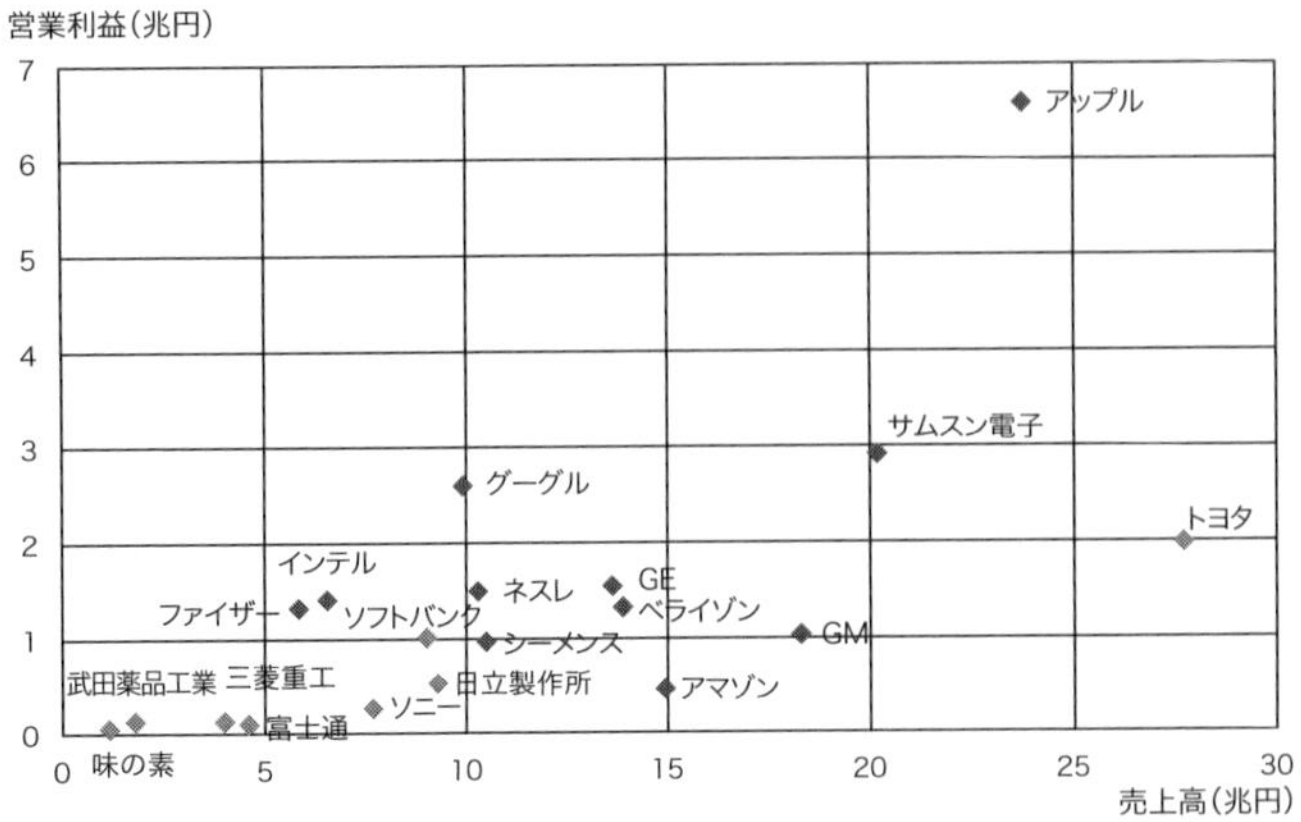

マトリックスの右上に行けば行くほど、売上高と営業利益が大きいことを示しているが、日本企業の多くは左下に集中している。グローバル企業として十分な経営規模があるのはトヨタのみとなっており、ソフトバンクと日立製作所は境界領域に位置している。

日立製作所は残念ながら複数業種の寄せ集めとなっており、各事業の経営規模はそれほど大きくない。実質的には左下に位置する企業と考えてよいだろう。このグラフに出てくる企業の中では、トヨタとソフトバンクくらいしか、グローバルに通用する企業は存在しないことになる。

投資の初心者や、長期的な資産形成を目指す個人投資家にとって、規模が大きく、経営が安定しており、高い知名度があることは重要な選択基準となる。その点からすると、多くの日本企業はこのカテゴリーに入らない。

企業規模がそれほど大きくないような銘柄は、株式投資の世界では投資妙味があるとよく言われるが、初心者ではなく相場に慣れた中上級者が取り組むべきものというのが一般的な考え方である。

グローバルに見た場合、日本企業の多くは初心者向けの銘柄ではなく、中上級者向けの銘柄になってしまうのだ。どの証券会社でも簡単に外国株が買えるという現実を考えると、投資の初心者であればなおさらのこと、日本株ではなく、外国株を積極的に投資対象に組み入れる必要があるだろう。

今ほどネット証券の環境が整備されていなかった時代には、外国株を買うことは一苦労であった。だが現在ではメジャーなネット証券会社であれば、どこでも簡単に外国株を買うことができる。

外国株ということになると、あらゆる国が対象となるが、基本的には米国株の口座を開設すればよいだろう。米国の株式市場には、米国企業はもちろんのこと、欧州や英国の一部企業もＡＤＲ（米預託証券）という形で株式を上場している。とりあえず米国市場で取引ができれば、それ以外の国の銘柄も購入することが可能だ。

日本のネット証券で売買できる米国株の銘柄はそれほど多くない。もっとも多いマネックス証券が約3000銘柄、SBI証券が約1500銘柄、楽天証券が約1600銘柄といったところである。米国のNYSE（ニューヨーク証券取引所）やNASDAQに上場している銘柄は5000を超えるので、日本で売買できるのはその一部ということになる。

だが本書は、投資の初心者が長期投資を行うことを前提にしているので、投資対象となるのは主要銘柄に限定される。

筆者が日本株だけでなく外国株にも投資すべきだと主張しているのは、日本企業よりも外国企業の方が、規模が大きく経営が安定しているところが多いからである。こうした著名企業に投資を限定するのであれば、ネット証券各社が扱う銘柄の範囲内で、ほとんどの投資対象をカバーできると思ってよい。

各社の中でマネックスの銘柄数は特に多く、希望の銘柄を見つけ出せる確率はより高くなるだろう。

だが、実際に米国株を売買している筆者の感覚では、SBIや楽天の銘柄数でも不都合を感じるケースはそれほど多くない。マネックスの銘柄数の多さは魅力だが、銘柄数だけにこだわって証券会社を選択する必要はなく、売買手数料などを総合的に判断して取引する証券会社を選べばよい。

外国株は高配当の銘柄が多い

米国株であっても、売買の方法は基本的に日本と同じである。

日本では指値《さしね》（売買価格を指定する注文）と成行《なりゆき》（売買価格を指定しない注文）という2つの注文方法があるが、米国でも大きく分けると、Limit Order（指値）とMarket Order（成行）の2種類がある。ここでは英語で書いたが、日本のネット証券の画面には「指値」「成行」と日本語で表示されているので心配はない。

米国株の場合、日本のような証券コードではなくティッカーと呼ばれるアルファベットの文字列で銘柄を指定する。例えばアップルならAAPL、ゼネラル・モーターズならGM、コカ・コーラならKOといった具合だ。銘柄を検索すると、必ずティッカーが表示されるので、実際の売買で戸惑うことはないだろう。

米国以外の企業についても同様にティッカーが付与されている。例えば英国の製薬会社グラクソ・スミスクラインはGSK、日用品メーカーのユニリーバはULとなっている。同様に中国のアリババはＢＡＢＡ、フィンランドの通信機器メーカーであるノキアはＮＯＫ、独ソフトウェア大手のＳＡＰはＳＡＰというティッカーだ。

外国株への投資を検討する場合には、配当に注目した方がよい。海外のグローバル企業は、日本とは異なりコーポレート・ガバナンスがしっかりしており、基本的に配当利回りが高い。日本の水準からすると配当だけでも魅力的に感じるはずだ。

近年は歴史的な低金利時代だが、それでもグローバル企業は３％から４％程度の配当を行うのが当たり前である。日本では１％台の配当利回りしかない銘柄も多いことを考えると、外国株の配当は総じて高い。

もちろんアマゾンやグーグルのように配当は実施せず、今後の成長を最優先する企業もある。だが、こうした企業も成熟期に入るとたいていは高い配当を実施するようになる。

マイクロソフトは今となってはそれなりの配当を行う成熟企業だが、成長途上の時代には配当はまったく重視していなかった。アップルも今後は配当額を増やしてくる可能性が高いだろう。

為替を心配する必要はあまりない

米国株を買う場合には、当然ドルでの買い付けとなるが、どのタイミングで円をドルにするのかは利用者が選べるようになっている。

日本円のまま口座に保管し、円口座から買い付けることもできるし、あらかじめ資金をドルに替えておき、ドルで買い付けることもできる。前者の場合には買い付け時の為替レートが適用され、後者の場合には、ドルに転換した時の為替レートが適用される。

積立方式で長期にわたって投資するのであれば、いつドルに替えるのかについてあまり悩む必要はない。例えば40代の人が毎月投資をしていくケースでは、今後、20年から30年という長期にわたって日本円をドルに替え続けることになる。

ドルが安い時にはより多くのドルが手に入り、ドルが高いときには手に入るドルが少なくなるだけなので、最終的には一定の為替水準に収束してくることになる。

日本円で口座に入れておき、その時のレートで買い付けるというやり方で特に問題はないだろう。もし為替が円安に動くと予想しているのであれば、もちろん、今の時点でまとめてドルを買ってしまってもよい。このあたりは個人の価値観ということになるだろう。

【図3】分散投資していれば、それほど為替を気にする必要はない

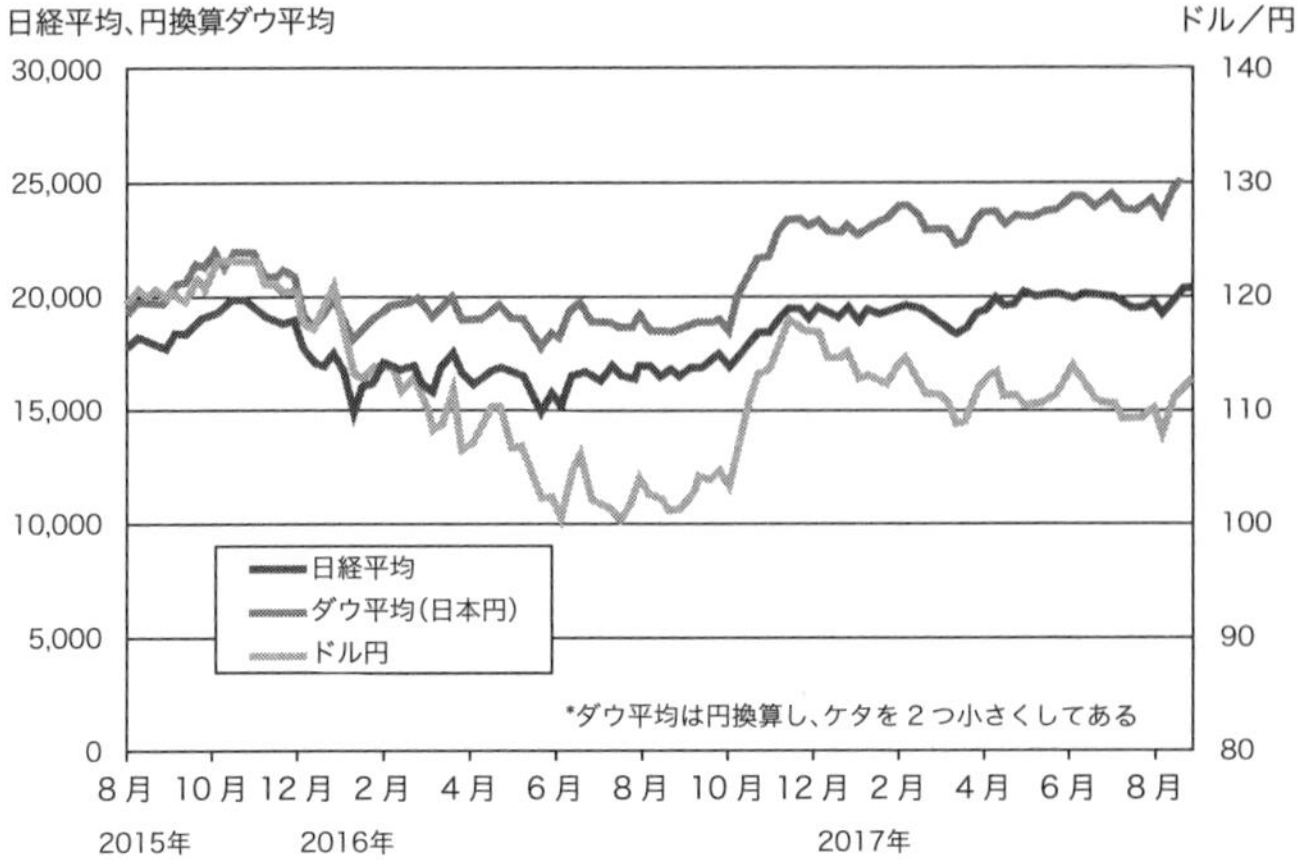

外国株でもっとも気になるのは為替リスクだろうが、現実には為替の影響はそれほど大きくない。その理由は、日本と外国に分散投資していれば、ある程度までなら株価の動きが為替の動きを吸収する可能性が高く、最終的な収益は、為替の変動ほどにはブレないケースが多いからである。

図3は過去2年間の日経平均株価と日本円に換算したダウ平均株価、そしてドル円レートを示したチャートである。ダウ平均株価は為替レートを適用して日本円に換算するとともに、日経平均と比較しやすいよう、単位を2ケタ小さくした。

過去2年間で為替は、円安から円高、そしてふたたび円安へとそれなりの変動を見せてい

る。単純に円ベース、ドルベースで投資をしていれば、大きな為替差益もしくは為替差損が発生している。

だが日経平均の動きと日本円換算したダウ平均を見ていただければ、両者の動きにそれほど違いはないことがお分かりいただけるだろう。米国の方が株高になったので、株価そのものは上がっているが、基本的な動きはあまり変わっていないのだ。

分散投資で為替の影響を吸収

日本では円安になると輸出銘柄が買われ株高になるケースが多い。

米国も日本ほどではないが、銘柄によっては為替の影響を受ける。インテルやＩＢＭといった海外販売比率が高い企業は、ドル高だと株価が下がりやすく、ドル安だと上がりやすい。日本が円安になっているということは、米国はドル高なので、グローバル銘柄の上昇率は低下し、日本ほど株価は上がらない。

逆に日本が円高の時には米国はドル安となるので、米国におけるグローバル企業の株は上がりやすくなる。最終的には各銘柄の動きが為替の動きをある程度、相殺する形になるので、全体の収益は思ったほど為替の影響を受けない（あくまでこの話はドルやユーロなど主要通貨圏への投資に限定される)。

しかも、より長期的な視点では、日本は今後、円高が進むより、円安が進む可能性の方が高いと考えられる。円安トレンドが続く局面では、当然、ドルやユーロで資産を保有している方が有利になる。

こうした状況を総合的に判断した場合、外国株が持つ為替リスクについては、それほどネガティブに考える必要はないことが分かる。

さらにいえば、今後は運用資産にあたって、円ベースではなくドルベースで物事を考えることも必要となってくるかもしれない。

グローバルな投資の世界では、基本的に投資収益の算定はドルベースで行われる。ドルベースで見た時のグローバルな市場の動きは、日本国内の感覚とは大きく乖離《かいり》している。国際分散投資を行うのであれば、ドルベースでの感覚を身につけておいて損はない。

寿命100年時代を迎え、投資に対する基本的な価値観も変化している。

退職金などまとまったお金を手にしてから運用を始めるのではなく、早い段階からコツコツと投資残高を積み上げ、時間を味方に付ける方が長寿社会においては合理的だ。そうであればこそ、長期的に安定的な成長を見込める企業に投資する必要があり、そのためにはグローバルな視点が不可欠となる。

バブル崩壊は予測できる

長期的な投資でもっとも気になるのは、やはりバブルの崩壊だろう。

先ほども説明したように、長期で投資を継続していれば、リーマンショックのような株価下落が発生しても、その影響を最小限にとどめることができる。だが、そうは言っても、こうした暴落の直撃は何とか回避したいというのが、多くの個人投資家のホンネではないだろうか。

バブルの発生やその崩壊を予測するのは難しいと言われているが、実はそうでもない。後述するマクロ経済のある指標に着目すれば、かなりの確率でバブル崩壊を察知することが可能だ。実際、優れた投資家はこの手法を駆使して大暴落から自らの資産を守っている。

ひとくちにバブルといってもその形態はさまざまであり、人によって意味するところも違う。それぞれが勝手に「バブルだ」「いやバブルではない」と論争したところで意味はない。まずはバブルというものについて、しっかりと定義しておく必要があるだろう。

バブルと呼ばれるものには大きく分けて2つの種類がある。ひとつはマクロ的な現象で、過剰流動性が発生し、資産価格全般が高騰するタイプのバブルである。リーマンショック前の米国や、1980年代における日本のバブル経済はまさにこれに相当する。

もうひとつは特定の産業セクターを対象とした局所バブルである。局所バブルは新しいテクノロジーに対する過度な期待から生まれることが多い。期待感が先行し、その企業が現在、生み出している利益水準からは説明不能なレベルまで株価が高騰する。2000年前後に発生したITバブルはまさにこの典型といってよいだろう。

局所バブルは、いつの時代でも発生している。

新技術への過剰な期待から株価が高騰したり、その後一気に下落したりするのは株式市場ではよく見られる光景といってよい。だが長期的に投資に取り組む個人投資家にとってもっとも気になるのは、こうした局所バブルではなく、リーマンショックに代表されるようなマクロ的なバブルの方だろう。

マクロ的なバブルが崩壊すると、株式や不動産、金、債券など、あらゆる資産価格が一斉に下落し、場合によっては金融危機が発生する。

過剰な下落の後には、反動で上昇することが多く、投資を継続していれば、それほどの損失にはならないケースがほとんどである。実際、リーマンショックの後にも淡々と投資を継続すれば、バブル崩壊の損失は比較的短期間で取り戻すことができた。

だが現実はそう甘くはない。バブル崩壊直後、市場参加者全員が恐怖を感じている中、追加投資を決断できる人は少ない。できればバブル崩壊前に一旦、手仕舞いし、落ち着いてから投資を再開したいと考えるはずだ。

総融資残高とGDPの比率に注目

バブルが頂点となる段階においては、さらなる株価の上昇について誰も疑わなくなる。そしてある時、株価は一気に崩壊に転じる。こうしたマクロ的なバブルの発生と崩壊には、ある種の法則が見られる。

多くの場合、金融機関による総融資残高がGDP（国内総生産）に対して一定倍率を超えるとバブルは崩壊することが多い。実際に過去の事例を検証してみよう。

2008年のリーマンショックは過剰なサブプライムローン（信用力の低い個人向け住宅融資）を背景とした典型的なバブルの崩壊だが、2007年時点における米国金融機関の融資残高は23兆ドルであった。同年の米国のGDPは14・5兆ドルなので、融資残高はGDPの約1・6倍と計算される。

一方、1980年代後半に日本において発生した、いわゆる80年代バブル経済とその崩壊はどうだったのだろうか。

当時はノンバンクを経由した不動産に対する過剰融資が社会問題となったが、1989年における日本の融資残高は767兆円だった。当時の日本におけるGDPは421兆円なので、融資残高はGDPの1・8倍である。多少の差はあるが、どちらもほぼ同じ水準でバブルの頂点となり、そして崩壊に向かった。

中国市場でも同じ現象が観察されている。

中国は国家による統制経済なので、日本や米国のようなバブル崩壊は発生しにくい。だが中国は2013年から2014年にかけて過剰流動性相場が終了し、不動産を中心としたバブル相場は、事実上、崩壊したとみて差し支えない。

当時、中国ではシャドーバンキングと呼ばれる銀行以外の融資が急膨張し、これが不動産価格を押し上げる原因となった。日本におけるノンバンク融資や米国におけるサブプライムローンとまったく同じ図式である。

2013年当時、シャドーバンキングを加えた中国の融資総額の対GDP比はやはり1・6倍だった。国によって細かい条件は異なるが、総融資残高がGDPの1・6〜1・8倍になるとバブル崩壊の可能性が高まってくると考えればよい。

現代とは社会情勢が大きく異なっているが、1929年に発生した世界恐慌と、その直前まで続いた空前のバブル経済もほぼ同じ水準でバブルが崩壊している（約1・6倍）。時代や地域が変わっても、ある程度、普遍性のある法則が見られるのであれば、この数値を参考にすることで、バブル崩壊による打撃を回避できるはずだ。

では、この法則を現在の状況にあてはめるとどうなるだろうか。米国はトランプ政権の誕生以降、株価の上昇に弾みがついており、一部からはバブルとの声も聞かれる。たしかにネット企業など一部企業の株価は過剰に高騰している可能性があるが、こうした現象はあくまで個別の事例である。

問題は米国の株式市場全体がバブルであるかという点であり、もしそうなら、米国の株価が崩壊した場合、日本も甚大な被害を受けることになる。

米国の2018年9月末時点における融資残高はリーマンショック当時を超え、約29兆ドルに達している。しかしリーマンショック後、米国経済は順調に拡大しており、2018年のGDPは20兆ドルを超えている。

融資残高は減っていないが、それ以上に経済規模が大きく拡大したことが分かる。GDP

に対する融資残高を計算すると約1・4倍なので、数字から判断する限りにおいては、今のところ差し迫ったリスクはない。

日本経済についても、融資残高の比率は1・4倍なのでバブルの兆候は見られない。というよりも日本の場合、バブルどころか失われた20年からの回復もままならない状態であり、米国のような景気過熱を心配するフェーズではない。その米国についても、好景気の期間があまりにも長かったことや、米中が貿易戦争に突入していることなどから、景気がスローダウンするリスクが意識され始めている。

こうした状況においては、景気過熱によるバブル崩壊よりも、不景気による株価下落のリスクの方が大きいと考えられる。以前のようなバブル崩壊リスクについては、過度に心配する必要はないだろう。

むしろ筆者が、今、気になっているのは日本の債券バブル（つまり金利上昇リスク）の方なのだが、これについては第3章の不動産のところで詳しく解説する。

ハイテク株投資は予測が難しい

歴史を振り返ると、1600年代にオランダで発生したチューリップ・バブルを皮切りに、運河、鉄道、自動車、半導体、ITなど、数多くの局所的なハイテク・バブルが発生し、そして崩壊してきた。

だが一方で「バブルだ！」「説明不能」と批判されながらも、結局はその価格が正当化されたケースもたくさんある。バブルの崩壊は大きな被害をもたらすので長きにわたって語り継がれることになるが、バブルがバブルでなくなったケースは損した人がいないので、ほとんど語り継がれないという特徴がある。

マクロ的なバブルと違って、こうしたハイテク・バブルを見極めるのは簡単ではない。その理由は、株価が上昇している時点ではバブル的な株価であっても、その技術が本当に普及した場合、その株価はバブルではなくなってしまうからだ。

1920年代、自動車という画期的なテクノロジーが普及し、米国の自動車メーカーであるGM（ゼネラル・モーターズ）の株価は200倍に高騰した。だがその後、GMの株価がバブルだと指摘する人は誰もいない。トヨタも日本市場で自動車が急速に普及した1960年代には、株価が約70倍に高騰している。その後、トヨタの株価はさらに上昇して現在に至っているが、トヨタ株がバブルなのかは説明するまでもないだろう。

最近でも同じような現象が見られる。パソコン向け半導体では圧倒的なシェアを持つインテルの株価は、約20年間で100倍を超えた。ITバブルと言われた2000年前後、インテルの株価は説明不能とされたが、その後、インテルの株は紙くずになったのだろうか。もっとも株価が高かった2000年と比較すると、多少下がってはいるが、それほど大きく下落したわけではない。結局のところ、そのテクノロジーが期待通りに普及すれば、現実の企業利益が株価に追いつき、バブルと言われた株価もバブルではなくなってしまうのだ。

どの技術が将来、生き残るのかについて完璧に予測する方法はない。今、株価が高騰している銘柄はいずれ暴落するかもしれないし、20年後には現在の水準が妥当と認識されているかもしれない。

テクノロジー・バブルを過度に危険視する必要はないが、上下のブレが大きいのは事実なので、長期的なスタンスの投資家はあまり積極的に取り組まない方がよいだろう。

第3章

不動産

マイホームであっても不動産はあくまで投資

首都圏マンションはバブルか?

首都圏を中心に不動産価格が高騰している。一部からは、すでにバブル状態となっており、オリンピック特需の消滅をきっかけに、暴落する可能性があるとの指摘も出ている。

都内の不動産価格が高騰しているのは事実だが、局所的な価格動向だけを見てバブルかどうかを判断するのは拙速である。不動産市場について俯瞰《ふかん》的に眺めた場合、楽観視はできないものの、必ずしもバブルとは言えない状況が浮かび上がってくる。

不動産経済研究所の調べによると、2018年の首都圏における新築マンション平均価格は5871万円となっており、6年前との比較で約29%値上がりした。東京23区の値上がり率はさらに大きく35%に達している。新築のみならず、中古価格も上昇しているので、単純に資材価格の高騰だけが原因ではない。

国税庁が2017年に発表した路線価によると、銀座5丁目の「鳩居堂」前の価格は1坪あたり1億3300万円だったが、この金額は、バブル直後につけた高値である1億2000万円を上回っている。都内の不動産が高騰しているのは事実であり、これに加えて「バブル超え」などと聞くと、不動産市場が活況を呈しているように思えてしまう。

だが実際には、すべての不動産が一律に上がっているわけではない。

中古マンションの価格調査はあくまで売却希望価格がベースであり、実際にいくらで売買が成立したのかまでは分からない。また一部の人気物件が価格を引き上げている可能性があり、人気のない物件はあまり値上がりしていないというのが現実である。

実際、都内でも6年前との比較で希望価格が20％程度しか上がっていない物件も見られる。バブル時代のように何でも上がるという状況にはなっていない。

不動産の価格は場所による違いが大きいため、局所的な価格推移だけを見てしまうと全体の動向を見誤る。これに加えて、不動産は金融商品でもあるため、株式や債券など他の金融商品との関連性も大事である。

現在の不動産市場がバブルなのかどうかを判断するためには、まず、日本全体の不動産市場がどのように推移してきたのかについて知っておく必要があるだろう。

バブルというのは情緒的かつ曖昧な言葉で、明確な定義があるわけではないが、一般的には適正水準を超えて価格が形成されている状態のことを指している。バブルは一種の金融現象なので、発生時には他のセクターから過剰な資金が集まることになる。逆にいえば、資産セクター間の資金移動を見れば、バブルの状況を把握できる。

現在はむしろ国債バブル

図4は、日本における株式、債券、土地の総残高が、GDP（国内総生産）に対してどう推移したのかを示したものである。数字は残高の絶対値ではなく対GDP比なので、経済規模に対してどの資産セクターが過剰に資金を集めているのか直感的に理解できるはずだ。

グラフを見ると、バブル経済の時代には株式と土地のGDP比が極めて大きくなっていることが分かる。

80年代バブルを象徴するキーワードは「不動産」と「株式」だが、数字の上でもそれは一目瞭然だ。資金が集まって価格が高騰し、価格が上がるのでさらに資金が集まるというまさにバブルの典型パターンである。

株式についてはバブル崩壊後、10年近く不振が続いたが、2000年のITバブル、2007年の小泉構造改革相場といった価格高騰が観察される。

2013年からはアベノミクス相場が始まっており、資金の集まり具合はリーマンショック前の状況を超えている。見方によっては現在の株式市場は過熱しているとの解釈があり得るかもしれない。

【図4】株式、土地、債券のGDP比の推移

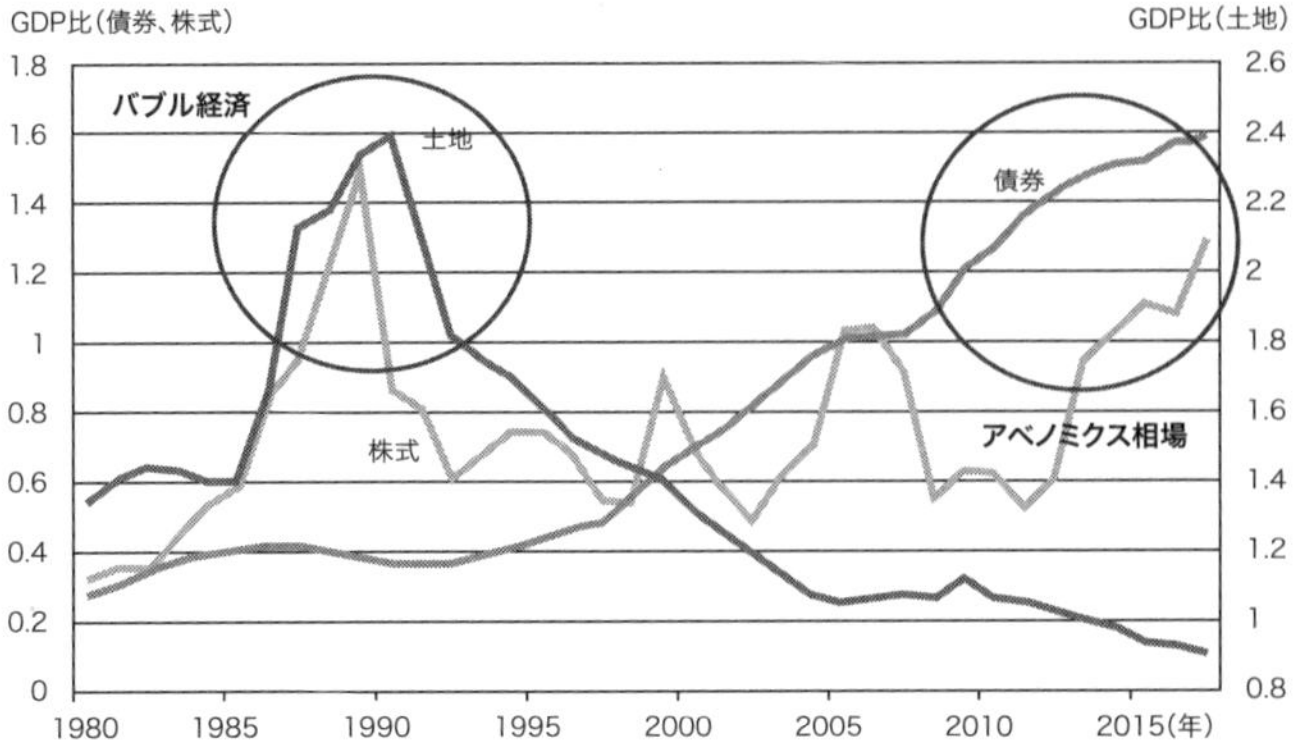

出所）内閣府、財務省など各種資料から筆者算定

これに対して不動産は一貫して下落が続いており、このセクターにはほとんど資金が集まっていないことが分かる。

マクロ的に見るとバブルどころか資産としての価値を失いつつあるといってよいほどの状況だ。

一方で、異様なまでの伸びを示しているのが債券である。これはいうまでもなく日本政府の財政悪化によって大量の国債が発行されたことが原因であり、現在、日本にあるマネーの大半は国債に流れ込んでいる。

日銀が量的緩和策を導入したことで、価格が高騰した国債をさらに高値で買い上げているという事情はあるものの、客観的に見れば、現在の債券市場は相当なバブル相場である。債券価格が今後も継続的に上昇すること（つまり金利は低いままで

推移し、デフレ傾向が今後も長期にわたって続くこと）について誰も疑いを持っていないという点においても、まさにバブルの要件を満たす。

価格の上昇を誰も疑わなくなった時こそが、バブルの頂点であるというのは、歴史が示しているはずだ。そうだとすると、債券価格の下落と金利の上昇は今後の大きなリスク要因ということになる。

港区や千代田区で子供が急増中

つまり現時点ではまだ国債バブルが続いているという状況であり、マクロ的に見た場合、不動産価格はほぼ下がり切った状態になっているというのが実態である。株価がこれほどの復活を遂げているにもかかわらず不動産価格がボロボロなのは、日本の人口動態を反映した結果と考えられる。

今後、日本は本格的な人口減少時代に突入し、多くの住宅やオフィスが余剰となる。不動産価格の不振はこうした状況を織り込んだ結果と解釈するのが自然だろう。首都圏における価格高騰はこうした中で発生した現象であり、もしそうなら、今後の価格動向を決めるのは首都圏の人口動態ということになる。

人口が減るということは、同じ状態のままで人の数だけが減ることを意味していない。人は経済活動を行って生活しているので、一定以上の人がいないと経済圏を維持することができない。このため人口が減ってくると、より便利な場所に向かって人が移動することになり、人口動態が大きく変わってしまうのだ。

具体的には地方から東京への人口シフトを促すことになり、人が増える東京では引き続き不動産需要が継続することになる。

この動きは「東京」対「地方」という図式にとどまらない。地方の中でも「地方中核都市」と「その他の地域」、東京の中でも「23区」と「郊外」、さらには23区の中でも「都心」と「その他の地域」といった具合に、一種のフラクタルのような形状になっている可能性が高い。

例えば、東京都内でも郊外といわれるエリアと都心エリアでは人口動態が大きく異なっている。東京は地方から人が移動しているので、すべての区で人口が増えているが、増加率が高いのは中央区、千代田区、港区（いずれも過去5年間）で、世田谷区や練馬区を大きく引き離している。

また15歳以下の人口増加率に至っては千代田区、中央区、港区のいわゆる都心3区は圧倒的で、多くの子育て世代が都心に流入していることが分かる。

つまり日本全体としては人口減少が進んでおり、それを反映して不動産価格は下落の一途だが、東京だけは別格で、人口が増え続けている。都心3区や都心に近い台東区では過去5年間に2ケタ台の人口増加を見ており、この状況をベースにすると、マンション価格が3割値上がりしたという話もあながち不自然とはいえない。

おそらく地方中核都市でも同じ現象が発生しているはずだ。利便性を重視して、郊外から中心部に移り住む人が増え、全体として不動産価格は下落しているものの、中心部の物件だけは値上がりしている可能性が高い。

テナント需要があれば下落は限定

首都圏の不動産価格高騰が、こうした局所的な人口動態に関係しているのだとすると、問題はこの人口増加がいつまで続くのかということである。

図5は国立社会保障・人口問題研究所による日本全体の将来人口予測と、東京都が行った人口予測を重ね合わせたものである。これによると日本全体の人口はすでに減少が進んでおり、今後、その勢いが加速することになる。だが東京の人口は、地方から人を吸い寄せるこ

【図５】日本全体と東京の人口推移予測

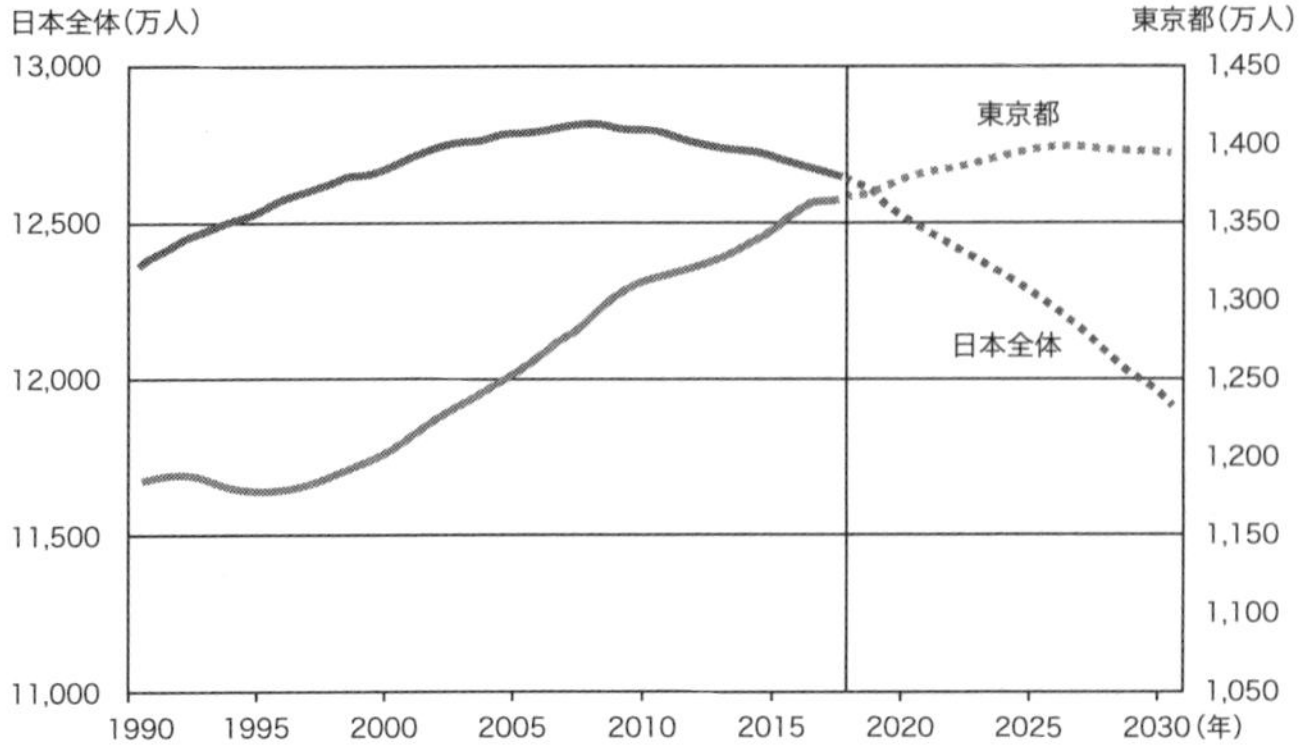

出所）国立社会保障・人口問題研究所、東京都

とで２０２５年までは増加が続くと予想されている。

だが日本全体の人口が減っている以上、やがては地方から移動する人もいなくなってしまうので、東京も２０２５年を境に人口減少に転じることになる。２０２５年以降の状況を市場が織り込み始めた場合、東京の不動産価格も頭打ちになるか、場合によっては下落に転じることになるだろう。

もっとも現在の東京の不動産価格は実需によるものだけでなく、外国人投資家などによる投機目的のものも含まれる。こうした物件は市況が悪化するサインが出ると即座に売りに転じるので、一部の物件は急激に値下がりするかもしれない。

だが、図５のグラフからも分かるように、東京の人口減少ペースは他の地域に比べると圧倒的に緩やかである。しっかりとしたテナント需要が存在する物件であれば、仮に市況が総崩れになっても、それなりの価格を維持できる可能性が高い。

不動産情報サイト「ライフルホームズ」の賃料情報をもとに算定した、２０１９年1月時点における東京23区のファミリー向け物件の単純平均家賃（２ＬＤＫクラス）は19万３０００円だった。

東京カンテイが調査した２０１８年11月時点における東京23区の中古マンション（ファミリー向け）平均価格は、70平方メートル換算で５４３８万円である。

これらのデータを使って単純にマンションの投資利回りを計算すると年４・３％になる。同一条件での比較ではなく、しかも固定資産税や各種経費などを考慮しないグロスの概算値だが参考にはなる。グロスで４％台というのは、収益物件としては厳しい水準だが、バブルというほどではない。こうした状況を総合的に考察すると、首都圏の不動産価格は、今後下落することがあっても、壊滅的な状況にはならないと筆者はみている。

持ち家か賃貸かの論争は終了した

日本において「持ち家」か「賃貸」か、という議論は、永遠に続く神学論争のようなものだった。だが、こうした不動産をめぐる論争にもそろそろピリオドが打たれつつある。背景にあるのは、人口減少に伴う都市部への集約化と不動産価格に対する考え方の変化である。

住宅を購入するという経済行為と、住宅を借りるという経済行為は、本来、まったく異なる性質のものであり、同一次元で比較することはできない。だが日本では「持ち家」か「賃貸」か、という論争が延々と繰り返されてきた。

住宅を所有することは資産に対する支出であり、一方、住宅を借りるのは消費支出ということになる。企業の財務諸表でいえば、持ち家はバランスシート（B／S）に計上され、賃貸住宅への支出は損益計算書（P／L）に計上される。

どのような理由であれ、資産を取得することは「投資」に該当するので、本来なら、投資案件として成功するのかがすべての評価基準となる。一方、賃貸の場合には純粋な「消費」なので、支出に対して十分な効用が得られているかで判断するのがスジといえるだろう。

それ以外の要素もあるではないか、という話はとりあえず横に置いておき、成功する投資案件とはどのようなものなのか考えてみよう。答えはとてもシンプルで、株や債券と同様、投資によって「儲かったかどうか」である。

つまり、不動産の値上がり益や賃貸に出して得られる収益が取得コストを大きく上回れば成功、下回れば失敗である。自己居住用物件の場合、賃貸に出して収益を上げるわけではないが、仮に賃貸に回した時にどのくらいの家賃になるのかは、近隣の相場を見ることで、ある程度までなら推測できる。

自分で住んだ場合、家賃を払わなくてもよいので、浮いた家賃分は仮想的な収入とみなすことができる。この金額と取得金額を比較することで、最終的な投資損益を判断する。

こうした評価方法について「住宅は儲けるために買うのではない」と感じた読者の方も多いだろう。

たしかにマイホームに関して「家族の夢を実現する」「ステータスを得る」「安心感を得る」といった別の要素が絡むことについては筆者も否定しない。

だが、マイホームにこうした投資以外の要素を数多く盛り込むことができたのは、日本の不動産市場に存在していたひとつの「商習慣」のおかげである。逆にいえば、この商習慣がなくなってしまうと、不動産に投資以外の要素を持ち込むことが極めて難しくなってしまう。

不動産市場における日本独特の商習慣というのは、再調達価格をベースにした不動産価格の算定方法である。

「土地神話」はもう崩壊

日本では不動産の価格を算定する際、同じ物件をもう一度取得するといくらになるのかを基準にするという手法が長く用いられてきた。

土地と建物を分けて考え、土地については路線価や更地の取引事例などが参照され、建物については建築単価が用いられた。中古物件の場合には、新築の価格から経年分が割り引かれる仕組みになっている。

この方法では、近いエリアにある、似たような建物の物件価格はほとんど同じになり、築年数に応じて徐々に価格が下がっていく形になる。土地が高騰すると路線価も上がるので価格も上昇するが、路線価は全体のバランスを考慮に入れて算定されるので、動きは緩やかなものとなる。

日本には土地神話というものが存在していた。

土地が持つ価値は不変と考えられており、金融機関も長く土地担保主義を採用してきた。土地を担保にした従来型の金融システムと再調達価格をベースにした算定方法は非常に相性が良かったのである。

ところが近年、こうした前提条件が音を立てて崩れ始めている。

背景となっているのは、先ほどから説明しているように、人口減少とそれに伴う人口動態の変化である。人口が減ってくると、より便利な場所に向かって人が移動することになり、人口動態が大きく変わってしまう。

このところ郊外の不動産を中心に価格破壊が進んでおり、かつては高いブランド力を誇っていたエリアでも、かなり値段を下げないと家が売れないという事態が続出している。駅から遠く、不便で人口が増えない場所にある不動産は、今後、ほとんど価値がなくなってしまうだろう。

儲かる物件なら迷わず買う

では、こうした新しい時代において不動産価格はどう評価されるのだろうか。それは収益還元という方法になる。

収益還元の場合、不動産はあくまで収益物件として認識され、転売した時にいくらになるのか、貸した時にいくらの賃料が取れるのか、買い手やテナントはどの程度いるのかといった、ビジネス的要素だけで価格が決まる。

収益還元の世界では、中心部からの距離によって価格が変化するのみならず、同じエリアに建っている物件でも価格が大きく変わる。

以前であれば、駅から遠い新築物件と、駅近の中古物件であれば、新築物件の方が高かったかもしれない。だが収益還元ではこれが逆転する可能性がある。賃貸需要の有無が価格の決め手になるので、中古物件であっても、駅に近い便利な物件の価格は高くなるだろう。

収益還元は諸外国では標準的な手法であり、米国では、通りひとつ隔てた場所にある、似たような物件の価格が2倍も違うということはザラにある。

場所の条件が少し悪かっただけで、価格が大幅に下落するという厳しい現実に直面した時、マイホームに対して「夢の実現」といった嗜好品《しこうひん》的要素を持ち込み、経済的な損得を無視できる人は、果たしてどれくらいいるだろうか。

今後、年金給付の減額は確実とされており、老後の生活はますます苦しくなる。優良な不動産を持っている人なら、リバースモーゲージ（自宅不動産を担保に老後資金を借り入れ、死亡した時に家を銀行に提供することで返済したと見なす商品。この仕組みを使って借りたお金は返済する必要がなく、生きている間は自由に使える）など、不動産金融商品を活用して生活を豊かにすることもできる。

不動産をベースにした金融商品の対象となるのは、収益力のある物件だけである。よほど経済的に余裕がない限り、嗜好品として家を買うことは難しくなるはずだ。

こうした時代においてマイホームを購入する際には、徹頭徹尾、投資収益を基準にする必要がある。利便性が高く、収益力が今後も維持されると考えるのであれば、その不動産を購入した方がよいし、収益面でのリスクが大きいと判断されるなら、迷わず賃貸にすべきだと筆者は考える。

基本的な考え方として「持ち家」か「賃貸」かではなく、儲かる物件を見つけ出せるかどうかが重要になる。

収益力のある物件なら、ライフスタイルが変わって売るにしても、取得金額を大きく下回ることはない（場合によっては高くなることもあるだろう）。そうした物件に出会えないのなら、無理して不動産を買う必要はまったくない。逆にいえば、これぞと思える物件を目にしたのなら、迷わず購入すればよい。実際に筆者はそうしている。

なぜ米国の家はどれも同じ作り？

これからの家の買い方でもっとも参考になるのは米国人の価値観である。米国は人種のるつぼで多様性があり、ライフスタイルもさまざまだが、こと住宅に関してはそうではない。米国の住宅は、広さや住設機器のグレードの違いはあるが、基本的にどの家もまったく同じ作りをしている。

一般的な米国人にとって住宅というのは最大の投資対象である。住宅を買って自身で住み、価格が上がったら売却して次の家に住み替える、あるいは2軒目を購入してひとつを賃貸に回すというのはごく当たり前だ。子供が独立して家族が減ると、今度は小さい家に住み替え、差額を生活費に充てて、老後の生活を楽しむ人もいる。

賃貸に出したり、売却するとなると、個性的なデザインや間取りの家は不利になるため、米国の家は皆、金太郎飴だ。しかも収益還元の考え方が徹底しており、築年数はほとんど価格に影響しない。

米国の住宅が日本と比べて質が高く、長持ちするという要因はあるが、築100年の木造住宅でも当たり前のように売買が行われている。むしろガレージ・スペースの大小やベースメント（いわゆる地下室）の有無など、使い勝手によって価格が変わるという側面が強い。

この話について「日本と米国は環境が違うのだから……」とは考えないでほしい。

その理由は、価格の算定方法が同じになれば、評価基準も同じようになる可能性が高いからだ。例えば日本でも、マンションにおける敷地の使い方は、今後、売買価格に大きく影響してくる可能性がある。

利便性の高いエリアにはすでに多くのマンションが建設されており、新規に建設されるマンションはよほど高額でなければ敷地の条件が悪くなる。

一方、昔に建てられた中古マンションは、建物こそ古いものの、敷地に対して余裕を持って建てられていることが多い。日本は急速に高齢化が進んでいるので、今後、介護施設のクルマが出入りしたり、廊下を車椅子や杖で移動する高齢者が増えてくる。こうした時代において、自動車の取り回しが難しい物件や、きつい階段がある物件、共用部分が狭い物件、ゴミ出しのエリアが狭く屋根がかかっていない物件などは、高齢者が入居しにくい。

人数比を考えると圧倒的に高齢者が多いという現実を考えた場合、余裕のある作りをしている中古マンションと、ギリギリの条件で建設されたピカピカの新築マンションの価格が逆転する可能性も十分にあり得るのだ。

首都圏を中心に不動産価格が上昇しており、一部からはバブル化を懸念する声も聞かれるが、不動産購入の是非が投資収益で決まるのなら、相場の成り行きを予想するよりも、収益性の高い物件を探すことに労力を費やした方がずっと効率的である。

インフレに備えた不動産投資

これからの時代は、たとえ居住用物件であっても収益性によって価格が決まる。収益力の高い物件なら迷わず買えばよいし、逆に収益力の低い物件にしか出会えなかったのなら、一生、賃貸で通した方が合理的である。

その意味で筆者は先ほど、「持ち家」vs.「賃貸」の論争は終焉したと述べたが、この話にはひとつだけ例外がある。それは金利上昇に伴うインフレの進行である。

もし今後、日本経済がインフレ・モードにシフトした場合、借金をしてでも不動産を買った方が圧倒的に有利になる。

このような話をすると「現状の日本でインフレなど百パーセントあり得ない」「危機感を煽《あお》っている」などと、激しい批判を頂戴することが多い。

しかしながら、過去100年の歴史の中でデフレだった期間はごくわずかであり、長期的な視点に立てば、ほとんどの時代で物価は上がっている。

しかも日本政府は莫大な債務を抱えており、日銀は大量のマネーを市場に供給した状況にある。今のところ日銀券は当座預金に眠ったまま（いわゆるブタ積み）になっているが、これが市場に出回るような事態になれば、確実に物価を上昇させる。

寿命100年時代が到来した今、長い時間軸で考えなければ、経済的な損得を判断することはできない。過度にインフレ・リスクを煽るつもりはないが、不動産購入の是非について考えるなら、インフレの話は避けて通れないはずだ。

説明するまでもなくインフレとは貨幣の価値が低下し、モノの値段が上がることを意味している。インフレが進むと現金の価値は毀損《きそん》されていくので、資産を現預金でしか保有していない人は、実質的に大きな損失を被《こうむ》ることになる。

2％のインフレでも20年経過すると物価は1・5倍になるので、現金をそのまま保有していると、同じ金額で買えるモノの量は約3分の2に減ってしまう。このためインフレが進んでいる時は、不動産など価値が維持できるものに資金をシフトするという動きが活発になる。

特にローンを組んでいた場合、資産防衛効果は極めて大きくなる。5000万円のローンを20年で返済するケースを考えてみよう。

5%のインフレが20年続いた場合、物価は2・7倍に上昇している。だが、返済する5000万円は物価が2・7倍になった後でも同じ5000万円のままである。この場合、5000万円を2・7で割った約1850万円まで実質的な借金は減ったことと同じになる。

一般的な住宅ローンは毎月返済していくものなので、物価上昇分がすべて利益になるわけではないが、物価が上がれば上がるほど、ローンを組んでいる人にメリットが出てくるのは事実である。つまりインフレが進んでいる時には、借金をしてでも不動産を買った方が圧倒的に有利なのだ。

将来、インフレが発生すると予想されるのであれば、仮に収益性の高い物件が見つからなかったとしても、不動産を買っておいた方がよいとの結論もあり得ることになる。「持ち家」vs.「賃貸」論争における唯一の例外がインフレと言ったのはこうした理由からである。

固定期間選択型ローンは要注意

しかしながら、物価が上がっている時に不動産を買うというのは実はそう簡単なことではない。物価が上昇する時には金利も上がっており、住宅ローンの総支払額も増えてしまう。というよりもむしろ、金利の上昇が物価上昇を引き起こす可能性があり、不動産価格が上昇する前にすでに金利が上がってしまう可能性が高いのだ。

こうした状況で被る損失を回避するためには、不動産価格が上昇する前に、固定金利でローンを組むという方法があるが、タイミングを判断するのが難しいことに加え、インフレが予想される局面では銀行がなかなか固定ローンの商品を紹介してこないという問題もある。実際、すでに銀行はそう簡単に固定ローンの商品を提案しなくなっている。

これまでは、他の分野と同様、住宅ローン金利についても量的緩和策によって空前の低水準が続いてきた。新築マンションの価格は原材料価格や人件費の高騰から年々上昇しているが、それでも多くの人がマンションを買えていたのは、超低金利によってローン返済総額が減っていたからである。

だが、このところの長期金利の上昇傾向を受けて、いよいよ住宅ローン金利にも見直しの動きが広がっている。

住宅ローンには大きく分けて固定金利型と変動金利型の2種類がある。

固定金利型の場合は、契約した時の金利が返済まで適用されるので、金利が上昇しても返済額が増えることはない。

しかし変動金利型の商品は、金利が上昇した場合、その分だけ返済額が増えるので、金利次第では予想以上に返済額が増加する。収支ギリギリで住宅ローンを組んでいる人は、最悪の場合、返済不能という事態もありうるだろう。

かつては銀行が提供する住宅ローンの多くが固定金利型だった。だが、マンション価格の高騰から返済負担を軽くしたいと考える利用者が増えたことや、金利上昇を銀行が警戒していることから、最近ではほとんどの商品が変動金利型となっている。

変動金利型の場合、金利上昇が利用者の生活を直撃しないよう、たいていの商品には緩和措置が組み込まれている。この条項があれば、仮に金利が上昇しても毎月の返済額は5年間据え置かれ、5年が経過した後も最大で25%しか上昇しない。

しかし、この緩和措置によって不足した返済分は免除されるわけではなく、ローン終了時点で一括返済を求められるケースが多い。結局のところ、金利の上昇分はいつか埋め合わせをしなければならない。

特に注意が必要なのは、一定期間は固定金利で、その後、変動金利に移行するタイプの商品（固定期間選択型）である。

固定期間選択型の多くは、変動金利型のような緩和措置が付帯しておらず、固定期間が終了した時には、金利上昇分がそのまま返済額の増加につながってしまう。固定期間が終了した時点で大幅に金利が上昇していた場合、返済額が一気に増加することもあり得るのだ。

固定期間選択型は、固定金利と変動金利の折衷プランに見えるのでリスクが低いと思っている人が多いが、見方によっては変動金利型よりもはるかにリスクの高い商品である。どちらのパターンにせよ、固定金利以外のローンを組む場合には、金利上昇のリスクについて十分に吟味する必要がある。

仮に返済金額が増加しても、月々の余裕資金の範囲であればローンの完済はできるだろうが、不動産価格の増加分が支払総額の増加分より小さい場合には、投資としては失敗したことになる。

先ほど、首都圏のマンション価格が5871万円という話をしたが、このままの状況で金利だけが2010年の水準まで上昇した時の返済総額（30年ローンの場合）は何と9000万円を超える。ここまで来てしまうと、世帯収入が1000万円以下の世帯にとっては、首都圏で新築マンションを購入することは、もはや非現実的な領域となる。

だが、これは何十年も前の金利の話ではない。わずか9年前のことであり、何かのきっかけがあれば、いとも簡単に金利が上昇する可能性があるということは、よく理解しておいた方がよいだろう。

第4章 保険

イザという時はどんな時？ 保険を見直すカンどころ

できるだけシンプルなものを選ぶ

多くの人は、資産運用は資産運用、保険は保険と分けて考えているかもしれないが、保険も金融商品の一種であり、何らかの経済的なメリットを求めて加入するものである。投資と保険はひとつのカテゴリーとして包括的に検討すべき対象といってよい。

保険にはさまざまな商品があるが、もっとも一般的なのは生命保険だろう。生命保険にはたいていの場合、医療保険の特約が付いているほか、貯蓄性を兼ね備えた商品も多い。このため保険商品は複雑で分かりにくく、これが消費者の選択を難しくしている。

保険がさまざまな顔を持っているということは、それだけ評価が難しいということを意味している。これは保険に限った話ではないが、投資や金融の世界において、複雑で多機能なことは、基本的に良くないことだと思ってよい。

資産運用の世界では、為替やオプションなどを組み合わせた、いわゆる仕組債《しくみさい》と呼ばれる商品が、投資の初心者向けに売られていたりする。

しかしながら、どんなに複雑な仕組みにしたところで、根本的にリスクを減らせるわけではなく、個別商品が持つリスクの組み合わせで最終的なリスクは決まってしまう。むしろ、商品が複雑な分だけ、リスクの計算が面倒になるだけだ。

保険についても、これとまったく同じことがいえる。

生命保険は生命保険であり、医療保険は医療保険、運用は運用なので、複数の商品を組み合わせたところで、何かが変わるわけではない。

保険会社のセールストークとしては、「病気も保障してくれますよ」「貯蓄にもなりますよ」「あらゆるリスクに対応できますよ」といったところになるのだろうが、商品の有利不利を比較するためには、単発の商品に分解して評価する以外に方法はなく、多機能な分だけ、評価は面倒になる。

具体的な商品選択の前段階として、保険はできるだけシンプルなものを選び、かつ優先順位を付けて加入することを心がけた方がよい。

この書籍を読んでいる方は、投資について何らかの興味を持っているはずだし、実際、高額な年金が期待できない以上、多くの人にとって資産運用は必須となっている。

そうであれば、運用性の高い保険商品をわざわざ選ぶ必要性は薄いだろう。運用は株式など別な手段で行えばよいというのがその理由である。保険については、保険本来の目的である人生のリスクヘッジという部分に特化して商品を選択すべきである。

保険より共働き

では、人生における最大のリスクとは何だろうか。多くの人にとって、それは若くして亡くなってしまうことだろう。もし家計の主な稼ぎ手が急にいなくなってしまうと、残された家族は路頭に迷う。安心して日々の生活を送るためには、これを金銭的にカバーするための措置が必要となる。

ここで、どの保険に入ったらよいだろうかとストレートに考えてしまった人は、少し立ち止まってみてほしい。

たしかに保険金が入れば、残された家族はある程度の経済的猶予を得られるかもしれない。だが、家族が一生遊んで暮らせるほどの保険に入れる人はまずいない。

そうなってくると、保険金で生活できる期間には限度があり、残された家族は仕事を探すなど、継続的に収入を得る手段を確保しなければならない。つまり保険というのは、一時的な対応策でしかないのだ。

そう考えた場合、家族が亡くなることで生じるリスクをヘッジする最良の手段は、保険に入ることではなく、家計の稼ぎ手を最初から増やしておくことである。夫と妻の両方がそれなりの収入を持っていれば、不幸にして片方が亡くなっても生活に大きな変動は生じない。保険という商品は、人生のリスクに対して、金融的に対処するための商品であり、保険に入るということは、こうしたヘッジ手段を、お金を出して買っていることに他ならない。

一方、夫婦が共に働けば、日常的な家計の収入も増えて、しかもリスクヘッジになるので、保険よりも圧倒的に有利なソリューション（解決策）となりうる。

こうした合理的な考え方ができるかどうかが、リスクをうまくコントロールできるかの分かれ道といってもよい。筆者は保険を全否定したいわけではないが、一度、頭を白紙にして物事を考えるのは大事なことである。

これらの話を前提にすると、保険の選び方についても、ある程度、方向性が固まってくるはずだ。

保険について検討する際、月々の保険料を基準にしている人をよく見かけるが、これは正しい選び方とはいえない。

先ほどから説明しているように、生命保険という商品は、家計の主な稼ぎ手が万が一死亡した際、生活を立て直す資金を確保するために存在している。もっとも重要なのは、保険金をいくらに設定するのか（つまり生活の立て直しまでに何年間の時間的猶予を得たいのか）という部分であり、次に重要なのは、そもそも自分はどのくらいの確率で死亡するのかという将来予測である。

人は何パーセントの確率で死ぬのかという話をすると、良い顔をしない人も多いのだが、リスクを本気で管理したいと考えているのなら、この話題から目をそむけてはいけない。

実は日本のような先進国では、人はそうそう亡くならない。

例えば、60歳まで死亡保険金が出る掛け捨ての生命保険に30歳で加入したと仮定しよう。月々の保険料が1万5000円だとすると、加入者は60歳までの間に合計で540万円のお金を保険会社に支払うことになる。仮に死亡保険金が6000万円の場合、乱暴に言ってしまうと、保険会社は保険の加入者が死亡する確率について540万円／6000万円で9％と計算していることになる。

しかし、現実に30歳の人が60歳までに死亡する確率はもっと低く、60歳時点における0歳からの累積死亡率は男性の場合7・8％、女性の場合には4・3％しかない。40歳の男性が1年後に死亡している確率は0・1％以下、50歳になっても0・3％以下である（保険料から想定される死亡率と実際の死亡率の差額はすべて保険会社の利益となる）。

しかも30代における死因のトップは自殺であり、40代になっても自殺は2位となっている。

これは完全にセルフコントロールできる要因であり、病気や不慮の事故で亡くなる可能性はさらに低いというのが現実だ。この死亡率を高いと見るか低いとみるかは人それぞれだが、意外と低いというのが多くの人の印象ではないだろうか。

このケースは掛け捨ての保険との比較だが、終身タイプのように、何らかの形で一生涯、保障が続く商品の場合には、さらに加入者が不利になる。掛け捨てではない保険の場合、保険会社が得る利益は莫大だと考えた方がよい。

資産が増えれば保険の役割も低下

保険はイザという時のための商品なわけだが、イザという事態はそうそう発生しないし、イザという時に必要な金額も人によってさまざまである。配偶者にそれなりの収入があれば、高額の保険金がなくても対応できるので、保険に頼る部分はかなり減らせることになるし、その方が圧倒的に経済的な効果が高い。

いくらの保険が適切なのかは人それぞれではあるが、総合的リスク管理という立場に立てば、多くの人の保険は過剰である可能性が高いだろう。

ちなみに、資産運用が順調に進んでいるなら、年々金融資産の額が増えているはずだ。一般的に保険金は数千万円というケースが多いと考えられるが、資産がこの金額を上回れば、無理に保険に入る必要はなくなる。むしろ保険に消えていたキャッシュフローを別の用途に回せる可能性が見えてくる。実際、ある程度、高額な資産を持っている人はたいてい保険の内容を見直している。

多くの人と同様、筆者も若い頃は、ほとんど資産を持っていなかったので、ごく一般的な保険に入っていた。

だが、運用が順調に進み、資産額が5000万円を超えてからは保険を半分に減らし、1億円を突破してからは生命保険をすべて解約した（一部の医療保険を除く）。仮に筆者が死亡しても、資産の多くは妻が相続できるので、無理に生命保険に入る必要はないのだ。

ここでは筆者の資産額のことを述べたいのではなく、リスクヘッジという保険本来の目的に照らした場合、資産の増加と反比例して保険の重要性は低下するという現実を説明したかったのである。保険はあくまでリスクをヘッジするための金融商品に過ぎないことを理解しておくべきだろう。

生命保険と同様、医療保険にもかなりのムダがある可能性が高い。

日本の公的医療保険制度を考えた場合、民間の医療保険の多くは必要性がない。

一方で、医療費の増大によって国民皆保険制度の基盤が揺らぎ始めており、皆保険制度だけに頼ることもリスク要因となっている。適切な医療保険を選択するためには、このあたりのバランスについてよく考える必要があるだろう。

医療保険の多くは必要ない

保険の商品はたいていパッケージになっているので、内容について深く考えずに、生命保険の加入と同時に医療保険（特約）に入る人も少なくない。また、重大な病気に対しては、「がん保険」といった単体の医療保険を利用している人もいるだろう。

最初に認識しておくべきなのは、日本は国民皆保険制度となっており、あらゆる治療が公的な保険でカバーできるという事実である。保険料の滞納さえなければ、基本的に3割の自己負担で病院にかかれるので、個人で用意しなければならないのは自己負担分だけだ。

しかも、重大で高額な費用が必要となる病気の場合、高額療養費制度による補助があるので、さらに低い自己負担率で治療できる（年収によって自己負担の上限額が設定される）ほか、一定年齢までの子供の治療費については自己負担分も含めて全額助成されるケースが多い

（自治体によって条件が多少異なる）。

また緊急性が高い場合には、自己負担分をすぐに用意できなくても治療が拒否されるケースはほとんどない。つまり、今の日本においては、医療保険は必要ないと言い切ってしまっても過言ではない状況といえる。

しかしながら、現実にはいろいろなケースがあるので、医療保険に入っていた方がよいのも事実である。入院時の個室の選択などはまさにその典型といってよいだろう。

大部屋が苦手という人は、個室に入院することになるが、4人以下の病室の場合には公的保険の適用対象外となり、差額ベッド代を支払う必要がある。自分は大部屋しか入らないので大丈夫という人も多いかもしれないが、そう簡単にはいかないこともある。

個室は高額の差額ベッド代が必要となるので、患者にはあまり人気がないが、その分、部屋が空いていることが多く、すぐに入院できるケースが少なくないのだ。病院側は、患者から同意を得ていない場合には差額ベッド代を徴収できないルールになっており、病院側の都合で意に反して個室になった場合には、差額ベッド代は徴収されない。

だが現実には病院もビジネスであり、単価の高い個室を積極的に勧めてくることも多い。病院側とのスムーズなやり取りを考えると、差額ベッド代は払ってしまった方がよいケースもある。

患者の希望も状況によって大きく変わる。個人的な話で恐縮だが、筆者の母はがんに罹患《りかん》し、長期の闘病を経て亡くなった。こうした重大な病気の場合、患者の精神的なケアという問題があり、すべてを合理的に判断することが難しくなるのだ。

患者の要望はステージで変わる

がんは日本人の死因トップであり、心疾患、脳血管疾患と並んで三大疾病のひとつとされているが、他の2つと異なり、ある程度、自身の余命が分かってしまうという特質がある。

最近は抗がん剤の能力が飛躍的に向上しており、完治に近い状態まで戻せるケースも増えているが、それでも多くのがんは完全に治すことができない。がん治療の世界では、治療の結果が良い場合でも、完治ではなく寛解と呼ぶことが多い。

寛解とは、完治とは言えないものの、見かけ上は病状がなくなったことを意味しており、これは言い換えれば、再発の危険性があることを意味している。

実際、筆者の母も、手術と抗がん剤による標準治療を受け、腫瘍マーカーの数値は一旦、平常値に近い水準まで戻ったが、数年後に再発して亡くなった。過去の症例をもとにした、標準治療を実施した場合の生存期間中央値は約7年だったが、母は、ほぼきっかり7年で死亡している。

本人には明確に生存期間を告知したわけではないが、さまざまなやり取りから、おおよその状況は本人も理解してくる。

病気のステージが変わると、病室への希望も変わってくる。

当初は他人との関係の煩わしさから、個室を希望していたが、再発後は、むしろ大部屋への入院を希望するようになった。病室には多くのがん患者がいるので、お互いに話をしている方が気持ちが落ち着くという。だが病状が悪化するにつれて、今度は再び個室を希望するようになり、緩和ケアへの移行についても、本人がそれを受け入れるまでにはかなりの時間を要した。

こうした状況を考えると、つねに保険でカバーされる範囲で治療するというやり方がベストとは言えなくなってくる。ある程度は臨機応変に、保険範囲内での治療と、自己負担での治療を組み合わせる必要があると考えた方がよい。

QOLの方が大事

がん治療に対する考え方は年齢によっても変わってくる。

かつては、どの年齢層の患者に対しても、同じような治療が行われていたが、そうした状況にも変化が見られる。

国立がん研究センターが公表した2015年のがん診療に関する全国集計によると、複数の部位において、がんが転移するなど病状が進行した高齢者の場合、積極的な治療を受けないケースが年々増加している。

たとえば大腸がん（85歳以上、ステージ4）では、治療なしという患者の割合は2012年には30・5％だったが、2015年には36・1％に増加した。胃がん（85歳以上、ステージ4）では治療なしの割合は2012年には50・3％だったが、2015年には56％に拡大している。

がんの治療は手術と抗がん剤の組み合わせが標準的だが、どちらも体への負担が大きいという特徴がある。

手術は全身状態がよくないと実施できないし、抗がん剤は、吐き気や貧血など多くの副作用がある。重篤化した場合、患者はかなり苦しむことになるので、高齢者の場合には全身状態を考慮した上で医師が個別対応しているものと思われる。

一部の部位については、高齢者の場合、抗がん剤治療を行っても延命効果がはっきりしないケースがあることも分かってきた。

同センターが２００７〜２００８年に実施した調査によると、肺がんの場合には、75歳未満では抗がん剤治療をした方が生存期間が長いという結果だったが、75歳以上の場合には、抗がん剤を使っても使わなくても生存期間に大きな差は生じなかった。

この調査はサンプル数が少なく、より詳細な情報を得るためにはもっと大規模な調査が必要とのことだが、一部のがんでは、高齢者に対する抗がん剤治療はあまり意味がないという結果が出ていることは明白である。

苦しい治療に耐えても延命効果がはっきりしないということであれば、無理な治療は行わず、生存期間中における生活の質を重視する方がよいという考え方も説得力を持ってくる。医療の世界ではＱＯＬ（クオリティ・オブ・ライフ）と呼ばれているが、高齢者のがん治療は、ＱＯＬを重視する方向に変わっていく可能性が高いと考えてよいだろう。

「はじめに」において、がんと共存した樹木希林さんの話を取り上げたが、彼女のケースはまさにＱＯＬを最大限重視した闘病生活といってよい。

つまり、ある程度の自覚を持った一部の患者については、自己決定権が拡大しているということであり、そこには当然、経済的な能力も大きく関係してくる。

病気になってしまったら、病院に言われるがまま、という時代ではなくなっており、自己負担分をどの程度にするのかについても、自分自身の価値観に基づいて決めていかなければならない。

先進医療特約で受けられる治療

しかしながら、こうした自己負担分について、すべて保険でカバーしなければならないのかというとそうではない。長期の入院でない限り、一定金額の貯金があれば対応できる可能性が高いからである。

厚生労働省の調査によると入院患者の平均入院期間は31・9日となっているが、これはすべての疾患を平均した値である。アルツハイマー病や統合失調症など、特に入院期間の長い疾患が平均値を引き上げている可能性が高い。

例えば35〜64歳で消化器系疾患の場合、平均入院期間は9・7日。内分泌系の場合には19

日となっている。この程度なら、数十万円の貯金を確保しておけば十分に対応できるだろう。

がんについても入院期間は意外と短く14日となっている。

がんで入院が長期化することもあるが、一部のがんを除き、こうしたケースでは残念ながら予後不良となる可能性が高い。私の母のケースはまさにこれに該当するが、長期にわたって入院したのは、再発して死期が近づき、事実上のターミナルケア（緩和ケア）に移行してからである。そうなってくると、むしろ生命保険でカバーする範疇《はんちゅう》となり、医療保険の領域ではなくなってくる。

所得が低く、自己負担分の資金をすぐに都合できない場合には、医療保険でカバーするという選択肢もあるだろう。だが、自己負担分の資金も都合するのが難しいというレベルになると、月収に占める毎月の保険料の総額もバカにならないはずだ。やはり一定金額を貯金することを最優先した方がよいことに変わりはない。

収入が少なく、まとまった貯蓄がほとんどないという人は、医療保険とは異なるが、働けなくなった期間中の所得を補償してくれる保険（所得補償保険もしくは就業不能保険）について検討の余地があるかもしれない。ただ、こうした保険はあらゆる仕事に就けないと判断されない限り支払いが行われないなど、厳しい条件が設定されるケースが多く、利用できる場面は限定的だろう。

一方で、最近の医療保険の中には、保険適用外の治療を受けられる先進医療特約をウリにしたものも増えている。

たしかにこの特約を使えば、最先端の治療を受けることができるのだが、ここにも落とし穴がある。繰り返しになるが、日本は国民皆保険制度を採用しており、ほとんどの治療が公的な保険でカバーできる。

もし保険適用外の治療法で有益なものが出てくれば、ほぼ確実に公的保険の対象となる。したがって先進医療特約を必要とするのは、効果が百パーセント検証されていない治療法か、検証されたものの保険適用まで少し時間がかかる治療法ということになる。後者であれば利用する価値は高いが、これに該当する治療法は少ないはずだ。

問題は公的医療制度の財政状況

これらを総合的に考えた場合、一定金額の貯金さえあれば、医療保険は特に必要ないという結論になるのだが、筆者は百パーセントの自信を持って「医療保険に入る必要はない」と断言することができない。

その理由は、日本の公的医療制度が厳しい状況に追い込まれており、今後、患者負担の大幅な増加が懸念されるからである。

２０１５年度における日本の国民医療費の総額は42兆円を超えている。このうち、公的医療保険の保険料でカバーできているのは全体の５割しかなく、残りの４割は国庫もしくは地方自治体の負担であり、１割が患者による自己負担分となっている。

医療費のうち６割が65歳以上の患者に使われており、高齢化に伴って医療費は年々増加を続けている。

日本の社会保障制度については、公的年金の維持可能性について議論されることが多く、国民の関心も多くが年金に向かっている。だが、財政的な緊急性を考えると、むしろ公的医療保険制度の方が事態は深刻である。

年金の場合、１５０兆円を超える積立金があり、赤字の状況が長く続いても、ある程度までなら時間を稼ぐことができる。しかし医療保険については、積み立てがほとんどなく、その年にかかった医療費は、その年に徴収した保険料や税金でまかなう必要がある。つまり、医療費が膨張してしまった場合には打つ手がなくなってしまうのだ。

日本経済新聞社が医師向け情報サイトを運営する企業と共同で全国の医師に対して行った調査によると「現状の皆保険制度に基づく医療は今後も持続可能と思うか」という質問に対して、52％の医師が「そうは思わない」と回答している。一方、維持できると回答した医師の多くが、「患者負担の増加」や「消費税の増税」といった条件を付けている。

政府や自治体の財政が厳しい状況にあることを考えると、医療費の膨張に対しては、自己負担比率を引き上げるか、医療水準を引き下げるかの二者択一しか方法がなくなってくる。自己負担比率が上がった場合には、そのまま患者負担の増加につながるし、医療水準が下がってしまった場合には、自己資金による自由診療との組み合わせによって医療水準を確保する必要に迫られるかもしれない。

もっとも、今すぐに公的医療保険制度が崩れてしまうわけではない。

制度の財政状況や、自己負担比率の引き上げ、混合診療（自由診療と保険診療を併用する治療）の拡大など、公的医療をめぐる状況をにらみつつ、検討を進めていけばよいだろう。

第5章 年金

自分がもらえる年金について知らない人が多すぎる

公的年金破綻論のウソ・ホント

公的年金は、ほとんどの人にとって老後の生活を支える基本的な収入源のひとつである。人生のマネープランの中で、重要な位置を占めているはずだが人々の関心は意外と薄い。「公的年金はいずれ破綻する」「日本の年金は大丈夫！」など、制度全体に対する情緒的な議論は活発だが、本当のところ、公的年金の財政状況について正確に理解している人は少ないのではないだろうか。

日本の公的年金は、自分が現役時代に積み立てたお金を老後に受け取れる制度だと思っている人がいるが、それは違う。

日本の年金制度は賦課方式といって、現役世代が支払った保険料で高齢者世代を扶養するという考え方がベースになっている（年金制度をスタートした当初は違ったが、場当たり的な制度改正を繰り返した結果として賦課方式になってしまったとの指摘もある）。

子供が親の面倒を見るという家族制度を社会全体に拡大したものであり、給付される年金の原資は、基本的に現役世代が支払った保険料である。このため、社会の高齢化が進み、現役世代の割合が減ってくると制度の維持が難しくなるという特徴がある。

つまり、年金をいくらもらえるのかは、自分たちが払ってきた金額ではなく、現役世代がどのくらい保険料を納付できるのかにかかっている。

もちろん、給付額の算定に際しては、現役時代にいくら保険料を納めたのかについて考慮されるが、制度の仕組みそのものとしては、現役世代の支払い能力に依存しているという点を忘れてはならない。

この仕組みが分かれば、公的年金の破綻に関する論争がナンセンスであることは、容易に理解できるはずだ。

一部の識者は「日本の公的年金制度は絶対に破綻しない」と言い切っている。一方で別の識者は「日本の年金は危ない！」と危機感を煽っている。

未来のことについて「絶対」と言い切るのは、知的議論として、あまりにも乱暴だと思うが、それはともかくとして「制度が破綻しない」という指摘は大筋合っている。

なぜなら、現役世代から徴収する分だけしか高齢者に支払わないというのが日本の年金制度である以上、仕組み上、破綻しようがないからである（究極的には高齢者への給付を年間1円にしてしまえばよい）。

一方、「日本の年金は危ない」という指摘もあながち間違っていない。制度が破綻しないことと、現役世代から徴収した金額だけで高齢者がまともな生活ができることは、まったくの別問題である。

つまり日本の公的年金は、その仕組み上、破綻することはないが、高齢化が進んだり、経済成長が鈍化すれば、実質的に制度が機能しなくなるリスクを抱えている、というのが正しい認識である。

公的年金の財政は慢性的な赤字

では、日本の公的年金の財政状況は実際のところどうなっているのだろうか。

日本の公的年金は階層構造になっており、全員が加入する国民年金をベースに、企業に勤めるサラリーマンが加入する厚生年金が加わる。企業によっては厚生年金基金など、さらに金額を上乗せする制度を設けているところもあるが、公的年金制度の中核となっているのは国民年金と厚生年金である。

２０１６年時点において、現役世代から徴収した保険料の総額（国民年金と厚生年金の合算）は約36兆円となっている。これに対して、高齢者に支払った年金総額は51兆円だった。保険料と年金額の差額は15兆円もあり、現役世代から徴収する保険料だけでは到底、年金の支払いをカバーすることはできない。この部分については税金からの補塡《ほてん》が行われており、年間、約12兆円が支出されている。

これでも高齢者に支払う年金の全額をカバーすることはできないので、何らかの手当てが必要となる。この役割を期待されているのが積立金の運用である。

これまで公的年金の積立金運用は、安全第一ということで国債が中心だった。だが安倍政権はこれを抜本的にあらためるため、積立金の多くを株式などのリスク資産にシフトした。

今のところ株価は上がっているので、赤字の補塡ができているが、株式の運用は本質的に市況に左右される。つねに運用益が確保できるとは限らないので、投資収益に大きく依存するのは危険である。これに加えて、日本政府の財政も厳しい状況となっており、これ以上、税金からの補塡を増やすこともできなくなっている。

このため、財政当局は運用益や税金による補塡に頼らずに、収支を均衡させたいと考えているのだが、今後、年金の給付額が減るのではないかとの懸念はここから来ている。

年金の給付を抑制しようという動きは、実は政府内で着々と進められている。年金を抑制する仕組みの中核となっているのが２００４年に導入されたマクロ経済スライド制である。

マクロ経済スライド制と聞くと、経済状況に応じて年金額を調整するためのものというイメージを持ってしまうが、実際は異なる。

年金給付額は2割減る

ごく簡単に説明すると、マクロ経済スライド制とは、人口動態の変化に合わせて、年金の給付を変動させるための制度である。現役世代の比率が下がった分だけ、高齢者の年金を減らすということであり、この制度はズバリ、年金給付の抑制を目的としている。

ただ、マクロ経済スライド制を導入して以後、日本経済はずっと低空飛行を続けてきた。年金給付を引き下げてしまうと高齢者の生活を直撃するので、制度はこれまで1度しか発動されていない。年金財政が逼迫《ひっぱく》していることから、そろそろ制度の再発動が行われるとの見方が強まっていたが、とうとう、2019年度に再発動されることが正式に決まった。

本来、2019年度の年金は物価上昇率などから増額の予定だったが、マクロ経済スライド制の発動によって、増加分のほとんどが帳消しになる見込みである。厚労省が提示しているモデル世帯（夫婦2人）に当てはめると、本来ならば月額1362円増額となるはずだが、実際には227円しか増えない。物価が上がっているにもかかわらず、年金は増えていないので、これは実質的な減額と言ってよいだろう。

もっともマクロ経済スライド制の発動は段階的に行われるので、急に年金額が大きく減るということはない。

しかしながら、筆者が大雑把に試算したところでは、今と同じ経済状態が続くと仮定した場合、2040年の段階でも年金財政には2割ほどの赤字が生じてしまう（積立金の運用益を除く）。今後、日本の人口は急激に減ってくるので、高齢者への年金給付総額も減少するが、現役世代はさらに人口が減ってくるので（つまり高齢化はさらに進展するので）、年金財政は好転しないのだ。

そうなると、どこかの段階において、現時点との比較で2割程度の減額が避けられないという結論にならざるを得ない。

より厳しく見る専門家からは、3割以上の減額が必要との試算も出ているので、今後は、年金財政の維持を目的として、2〜3割程度、段階的に年金給付の減額が進むと考えた方がよいだろう。

仮に日本経済が驚異的に成長し、保険料収入が大幅に増えれば、ここまでの減額は必要ないかもしれないが、そうなったらラッキーというくらいにとどめておいた方がよい。

年金は失業保険の位置づけに

年金については、支給開始年齢の引き上げについても検討が行われている。支給開始年齢を引き上げてしまえば、名目上の減額を実施しなくても、実質的に年金を減額することが可能となる。

2018年4月に行われた財政制度等審議会では、年金の支給開始年齢を現在の65歳から68歳に引き上げるプランが具体的に議論された。政府は表立っては口にしていないが、定年後はリタイヤするという従来の考え方をあらため、生涯労働を前提とした社会保障制度へのシフトを目論んでいる。

支給開始年齢の引き上げが実施された場合には、一生涯に受け取る年金額が減らないよう増額措置を行うとしているが、先ほど説明したマクロ経済スライド制による年金減額が発動された場合には、結果として増額分は相殺されてしまうだろう。

現状の年金財政について総合的に判断すると、支給開始年齢の引き上げや、年金給付の減額は避けて通れないと考えるべきである。

足りない分については、定年後も仕事を続けるか、現役時代に蓄積した資産を運用することで副収入を得る必要が出てくる。そうなってくると年金はもはや年金ではなく、どうしても働けなくなった時のための失業保険のような意味合いに変わってくる。少々、厳しい話かもしれないが、これから給付を受ける人は、年金ではなく、失業保険だというくらいの割り切りが必要だろう。

一方、現役世代の負担については、現行制度では上限一杯となっているので、当面、保険料の引き上げは実施されない可能性が高い。だが、現役世代の負担増についても検討が行われる可能性は十分にあり、その場合には、保険料が再度、引き上げられるはずだ。

確率は低いが、景気低迷がさらに深刻になったり、金利が上昇して緊縮財政を余儀なくされた場合には、話は根本的に変わってくる。国庫負担が維持できないとなれば、さらなる給付の引き下げもあり得るだろう。

日本の公的年金は制度的に破綻することはないが、状況が厳しくなっていることだけは間違いない。よほど資金に余裕のある人を除いては、これからは生涯労働を前提に人生設計を行うのが標準的になると筆者は考えている。

では、現時点で年金はどのくらいもらえるものなのだろうか。これを知るためには、まず日本の公的年金の仕組みについて知っておく必要がある。

国民年金だけで生活するのは無理

先ほども説明したように、日本の公的年金は、主に２つの制度で構成されている。ひとつは全国民に共通した年金である国民年金、もうひとつは企業に勤めるサラリーマンが加入する厚生年金である。厚生年金の加入者は、国民年金にプラスして厚生年金を受給できるが、その分だけ、保険料の支払い額も多くなる。

一方、厚生年金は支払う保険料の半額を企業が負担するという仕組みになっており、自分が支払う保険料の半分を会社に肩代わりしてもらえる。

サラリーマンの場合には厚生年金しか選択肢がないが、自営業の人は、国民年金にするのか法人化して厚生年金にするのかという選択肢が出てくる。起業などで会社を設立する人もいるが、どの制度がよいのかについては総合的な考察が必要となるだろう。

年金給付額の算定基準は国民年金と厚生年金では大きく異なっている。

国民年金は全員共通で年間の給付額が固定されている。給付額は物価水準などを考慮して改定されるが、現時点では年間約78万円となっており、月額にすると約６万５０００円である。

ただしこの金額は20歳から60歳までの40年間の全期間、保険料を納めたことが条件となる。未納の期間があった場合には、その分だけ減額されていくので注意が必要だ（受給資格を得るためには10年以上の納付期間が必要）。

簡単に言ってしまうと、国民年金は納める額も、もらえる額も一律に決まっているシンプルな制度ということになる。

一方、厚生年金は現役時代にいくらの収入があったのかで給付額が変わってくる。給付額の算定基準となる報酬の定義が２００３年から変更になるなど、人によって条件が変わってくるので、全員にあてはまる金額を算出するのは難しいが、おおまかな数字を出すことはできる。

例えば、現役時代の平均年収がおおよそ６００万円だった場合には、厚生年金の給付額は年間約１５８万円となる（現在55歳の人を想定。年収は新卒時も含めて、すべての雇用期間における平均である点に注意）。月額にすると約13万円ちょっとである。

自営業者など国民年金だけの人の場合、月に受け取れる年金額は6万５０００円しかないので、これだけで生活するのはかなり難しいだろう。国民年金のみという人は、資産運用とセットにしないと十分な金額に達しないと考えた方がよい。厚生年金の場合には6万５００

0円に13万円がプラスされるので19万5000円がもらえる。十分とはいえないが、何とかなる金額といってよいかもしれない。

受け取り額は支払い額の何倍か

これだけ見ると国民年金と厚生年金に大きな差があるように見えるが、この数字は、あくまで受け取った額の差である。厚生年金は国民年金よりも支払い額が多いので、現役時代の持ち出しも多くなる。

国民年金の保険料は現在、月あたり約1万6000円となっている。厚生年金の保険料は年収600万円の場合、月々の保険料は9万円を超える。会社が半分負担してくれるので個人の負担は約4万5000円である。

国民年金は月あたり1万6000円を支払って、月あたり6万5000円を受け取っている計算となり、厚生年金は4万5000円を支払って19万5000円を受け取っている計算だ。

先ほども説明した通り、日本の公的年金は支払った保険料を積み立て、老後に受け取るという制度ではないが、受け取り額が支払い額の何倍かという視点で考えれば、国民年金は

4・1倍、厚生年金は4・3倍なのでそれほど大きな違いはない。

国民年金の場合には、支払う保険料は少ない分、もらえる年金も少額なので、同じ年収なら余ったお金は貯蓄もしくは投資に回し、不足分を補う必要があるだろう。自営業者の場合には、高齢になってもそれなりの金額を稼げる可能性があるが、健康状態次第なので、自身によるマネジメントが重要となる。

厚生年金の場合でも、年収が低かったり、保険料の未納期間がある場合には、個人的に運用した資金をセットにする必要が出てくる。結局のところ、程度の違いこそあれ、余剰資金を運用するのは必須と考えた方がよい。

また個人事業主が法人化した場合には、厚生年金の会社負担分まで事実上、自身で支払う形になるので、圧倒的に不利になる。副業などで会社設立を検討している人や、独立起業を考えている人は、自営のままがよいのか法人化した方がよいのかよく吟味した方がよいだろう（税金の損得もあるので総合的な検討が必要）。

これまでの説明は単身者あるいは共働きなど、夫婦が独自の家計を営む人を前提にしたものである。これからの時代には、ほとんど該当者はいなくなるだろうが、いわゆる専業主婦世帯の場合には状況が変わってくる。

専業主婦を選択するのはやめる

厚生年金の専業主婦世帯の場合、夫が先に死亡すると、夫の年金がなくなる代わりに、妻には多額の遺族厚生年金が支給される。

詳細な計算は複雑だが、大雑把にいうと死亡前に受け取っていた厚生年金の約4分の3を引き続き受け取ることができる。一方、共働き世帯の場合には遺族年金の額が小さいため、どちらかが先に死亡すると、年金額は半額もしくはそれに近い水準まで減ってしまう。

国民年金は個人単位となっており、夫が死亡した場合には、夫の年金がなくなるため、世帯収入という点では完全に半減してしまう。保険料の支払いも個人単位なので、自営業者で専業主婦の場合には、実質的に夫が妻の分の保険料も支払う必要が出てくる。

日本の年金制度は専業主婦世帯が多数存在していることが大前提となっており、結果的に専業主婦世帯に有利になるよう設計されていた。だが、この制度は時代に取り残されたものであり、今後は夫婦共働きで生涯労働というのがスタンダードとなる。こうした状況を考えると、年金制度上、有利だからといって、専業主婦を選択するということはやめた方がよい。

もうひとつ注意が必要なのは、比較的所得の高い世帯である。現在の厚生年金の規定では平均年収が約７５０万円以上の人は、年収がさらに上がっても年金額は増えない。年収が低い人に比べて、現役時代の収入と年金収入の落差が大きくなるので、老後に年金収入しかアテがない場合、生活水準の大幅な低下を強いられる。

年収が高いからといって消費に回すことはせず、その分は貯蓄や投資に充当しないと、同じ生活を維持することはできない。どの層にとっても生涯労働と貯蓄、投資は必須といってよいだろう。

「ねんきんネット」で確認を

今の時点で、自分がいくら年金をもらうことができるのか、詳しく知りたいという場合には「ねんきんネット」にアクセスすればよい。ねんきんネットは自分の基礎年金番号があればサイトにユーザー登録できる（定期的に受け取っている「ねんきん定期便」に記載されているアクセスキーを使えば登録時に住所などの入力を省くことが可能）。

サイトにアクセスして「年金見込額試算」のページに行くと、いくつかのパターンで年金額の試算ができる。もっとも簡単なのは今の状況が継続したと仮定した場合の試算である。

「かんたん試算」というボタンをクリックすると、概算の年金額を見ることができる。

今後の予定について質問に答える形で入力してより詳しく算定したり、必要項目を自身で入力した上で算定するページもある。

これに加えて必ずチェックしておく必要があるのは「年金記録の一覧表示」である。ここでは20歳から現在まで、どこに勤務し、いくらの保険料を払ったのかについて一覧表示できる。もし空白期間が存在する場合には、年金が減額される可能性があるので確認しておいた方がよい。

思っていたより年金額が少なかったというケースの大半は、何らかの理由で未加入や未納の期間が生じたことが原因である。未納については後納が可能だが、2年という制限があるので、それ以前については諦めるしかない。

第6章 介護

家族で抱え込まないことが介護を成功させる秘訣

介護貧乏対策の第一歩は？

寿命100年時代を迎え、介護の問題がより重要性を増している。

自身の介護を気にする年齢に達した人はもちろんのこと、40代後半になると親の介護が現実的な段階に入り始める。たいていの場合、介護は突然やってくるので、予備知識を持たないまま介護生活に突入し、場合によっては過剰出費と老後貧乏を招いてしまう。

不完全ではあるものの、日本には介護保険制度があるので、平均的な経済力の世帯であれば、制度が存続している限り、介護によって家計が破綻する可能性はそれほど高くない。ただ介護の実態や制度をよく知らないと、思わぬ損失を抱えてしまう可能性があるので事前の準備が何よりも大切だ。

2017年末の時点で要介護もしくは要支援の対象になっているのは640万人である。同時期の日本の65歳以上の人口は3522万人なので、単純計算では高齢者の18％が要介護もしくは要支援の対象ということになる。一時期、要介護者の増加ペースには鈍化が見られたが、2012年頃から再び増加ペースが加速している。

今後、日本の総人口が減少していくのはほぼ確実であり、これに伴って高齢者の割合はさらに増加してくることになる。2025年には戦後のベビーブーム世代が75歳以上の後期高齢者になることから「2025年問題」などと言われることもある。

人口減少と高齢化によって日本社会の状況が大きく変化するのは、介護に限った話ではなく、年金や医療など、すべての社会保障に共通したテーマである。現時点と比較すると、かなり厳しい状況となるのは間違いない。

介護についていえば、何とかなるという根拠のない楽観論と、介護負担で家計は大変なことになるという過剰な悲観論の両極端になっているが、真実はおそらくどちらでもなく、その中間地点だろう。

最初に理解しておくべきなのは、年金と同様、日本の介護制度というのは、欧米各国のように完全な個人完結型にはなっておらず、家族が老後の面倒を見るという考え方がベースになっているという点である。

日本の介護制度は、在宅介護を基本としており、それが実施できない人だけが介護施設に入る仕組みになっている。このため、寝たきりの状態となり、最終的な寿命をまっとうする段階まで公的にケアしてもらえる施設ということになると、事実上、特別養護老人ホーム（特養）しかない。

特養以外にも有料老人ホームなどがあり、施設によっては最期まで入所できるところもあるが、有料老人ホームに入るためには最低でも月額15万円以上の支出を見ておく必要がある。それなりの経済力のある人しか入所できないと思った方がよい。

要介護認定を受けることが先決

つまり、多くの人にとって特養が最後の砦というわけだが、施設の数は少なく、入所には厳しい条件が設定されている。かつて特養は要介護1以上で入所が可能だったが、2015年4月の制度改正によって、原則として要介護3以上の認定が必要となった。

要介護3というのは「立ち上がりや歩行、食事、排泄、入浴の際に全面的な介助が必要」というレベルである。一般的な感覚からすると、要介護3というのは、家族が働きながら片手間に世話ができる水準ではない。逆にいえば、このくらいまで悪化しないと特養には入れないということである。

特養については、都市部を中心に多数の高齢者が入所を待っている状況だったが、入所条件を一気に厳しくしたことで待機数は激減したといわれている。特養に入ることは以前より簡単になったものの、逆にいえば、その段階までは在宅でケアを続けなければならない。この負担をどうするのかが、おそらく最大の課題ということになるだろう。

介護保険制度のもとでは、要介護認定を受ければ、基本的な支援を一通り受けることができるが、介護事業者はつきっきりでサービスをしてくれるわけではない。

事業者によるサービスが提供されていない時は、本人が自力で動くか、家族が支援することになる。家族の負担がどの程度なのかによって生活の質は大きく変わるので、このあたりのプランをどう設計するのかが重要なポイントとなる。

家族の負担については、実際に要介護状態になってみないと分からないので、事前にシミュレーションすることは難しい。しかし、やっておけることがまったくないわけではない。

介護を受けるための手続きについて把握しておき、いざという時にスムーズに手続きが受けられるようにしておくことである。これによって、余分な出費をしてしまうリスクも抑えることができる。

では介護サービスというのは具体的にどのようにして受けるものなのだろうか。

介護保険を使ったサービスを受けるためには、まずは要介護認定を受ける必要がある。これがないと、そもそも制度の利用ができないので、何はともあれ、要介護認定を受けることが先決である。要介護認定の申請は、住んでいる市区町村の窓口で行うが、本人が申請できない場合には家族による申請も可能となっている。

この手続きについては各市区町村に設置されている地域包括支援センターでも行ってくれるほか、病院のソーシャルワーカーが支援することもある。

病気やケガが要介護のきっかけ

そろそろ介護が必要になってきたので申請をしたいということであれば、市区町村の窓口や地域包括支援センターに相談ということになる。

だが、徐々に体が動かなくなり、本人や家族も、介護について認識を持つようになり、その上で、窓口に相談に行くというケースはそれほど多くない。では、どのような状況で介護にシフトするのかというと、それは病気やケガである。

脳梗塞で倒れて入院し、回復を果たしたものの一部にマヒが残り、そのまま介護に移行する、あるいは、転倒してケガを負い、体の自由が利かなくなって介護に移行するなど、入院がきっかけとなるケースが意外と多いのだ。

脳梗塞やケガは突然やってくるので、ゆっくり準備することができない。この場合には、病院のソーシャルワーカーとやり取りしながら要介護認定の申請を行うことになるだろう

(少し話はそれるが、脳梗塞になった場合、家族が迅速に発見できるようにしておくことや、転倒しないよう日常生活を工夫することも介護リスクを減らす重要な対策といえる)。

申請が受理されると、ケアマネージャー(通称ケアマネ)などが訪問し、生活状況などについて聞き取り調査を行う。その後、かかりつけ医による意見書が提出され(入院している場合は主治医の診断書)、これらをもとに要介護レベルが判定される。

要介護認定が行われるまで、2週間から1ヵ月の期間が必要となるので、この間の生活をどうするのかについては、事前にしっかり考えておいた方がよい。

要介護レベルが決まり、担当のケアマネが付いてようやく介護サービスを受ける準備が整う。どのような介護サービスを使うのかといった、いわゆるケアプランを作成するのはケアマネの仕事であり、これがその後の生活スタイルを大きく左右する。

よい介護を最適な費用で受けるためには、ケアマネとの良好なコミュニケーションが何よりも重要となる。どのような支援があり、費用がどの程度かかるのかなど、納得できるまでケアマネに質問し、よく理解した上でサービスを使う必要があるだろう。

自己負担分はどのくらいになる？

現行の介護保険では、原則として1割の自己負担で介護のサービスを受けることができる（一定所得を超える場合には2割負担もしくは3割負担となる）。介護サービスにかかった費用が月10万円であれば、実際に利用者が支払うのは1万円で済む。

だが制度の財政を維持するため、サービスの利用には上限が設定されている。施設に入らず、在宅を中心にサービスを受ける場合、要介護1では月額約17万円、要介護2では約20万円、要介護5では約36万円が上限となっている。これを超えた分については全額自己負担しなければならない。

例えば、要介護1で総費用が20万円だった場合、17万円分までは1割の自己負担で済むが、残りの3万円については全額支払う必要がある。このため利用者が最終的に支払うのは1万7000円プラス3万円で4万7000円ということになる。

総費用がいくらになるのかは、要介護者の状況とケアマネが策定した介護プランによって変わってくる。

コストをかけてよいのであれば、自己負担分を多くすることで家族の負担は減り、逆にコストをかけたくないのであれば、自己負担分を減らし、その分を家族が負担する必要がある。ここは非常に重要な部分なので、経済的な状況も含めてケアマネと相談していくしかない。

では平均的にはどの程度のお金が必要なのだろうか。

生命保険文化センターの調査によると、介護にかかった費用の平均月額は7・9万円となっている。これは全体の平均値なので介護レベルによってかなりの違いがある。

要介護1の場合には5万6000円、要介護2の場合には6万4000円、要介護5では11万2000円となっている。

どの要介護レベルでも、先ほど説明した自己負担1割の上限金額を超えていることが分かる。介護レベルが低い場合でも数万円、介護レベルが上がった場合には10万円以上の出費を見ておいた方がよいだろう。特養など施設に入った場合には、金額はさらに上がり、要介護5で14万円程度の支出が必要となる（これに諸経費が加わることが多い）。

介護保険で介護用品も買える

上記は毎月必要となる支出だが、介護がスタートする段階で一時的に発生する費用というものもある。介護用ベッドを購入したり、介護がしやすいように住宅をリフォームするというったケースである。いざ介護となると慌ててしまい、こうした製品を一気に購入しがちだが、少し冷静になった方がよい。

介護保険の対象となっているのは、入浴の介助といったヘルパーなどによる人的な介護サービスだけではない。介護ベッドの利用や車椅子、歩行器など、ハードウェアも適用対象となっている。

保険の制度をよく知らないと、ハードウェアを全部自前で揃えてしまい、高額の出費になってしまうことがある。まずは公的な支援でどこまでカバーできるのか知っておくことが重要である。

ある事例では、妻が脳梗塞をきっかけに突然、要介護となり、冷静さを失ってしまった夫は業者に勧められるまま、介護対応ができるよう1000万円以上をかけて自宅をリフォームし、多くの備品を購入してしまった。本人はしばらく経ってから、器具などにも保険が適用できることを知ったそうだが、後の祭りである。

経済的に余裕があれば、こうしたリフォームを行うのもよいだろうが、その後、発生する毎月の介護費用を考えると、多くの人にとってこの支出はかなりの負担となる。また介護レベルは刻々と変わるので、リフォームした設備がいつまで使えるのかは分からない。自己判断せずに、まずはケアマネと相談するのがベストだろう。

ちなみに前述の生命保険文化センターの調査では、こうした一時的な費用の平均値は約80万円であった。しかし一時金がゼロという人も17・3%いることを考えると、必須の支出というわけでもなさそうだ。自宅のリフォームや介護用品の購入については、くれぐれも慎重になった方がよい。

平均介護期間は4年11ヵ月

年金と同様、介護保険の財政も厳しい状況となっており、自己負担の比率は今後、高まる可能性が高い。

政府は、比較的所得が高い高齢者の自己負担を増やす法改正を行っており、先ほど説明したように、一部の高齢者は2割、3割の自己負担が必要となっている。しかしながら自己負担率の上昇はこれだけにとどまらないと予想する専門家は多い。

介護業界では現在、介護の2025年問題が取り沙汰されている。

介護の2025年問題というのは、団塊の世代が75歳以上の後期高齢者になるタイミングである2025年前後に、要介護者が急増するという事態を指している。

厚生労働省の試算によると、2025年度には全国で253万人の介護職員が必要となるが、現状のままでは約215万人しか人材を確保することができず、約38万人の介護職員が不足するという。

介護職員の給与水準は低く、なかなか人材を集めることができない。一方で給与を大幅に上げてしまうと、今度は介護保険の財政がさらに悪化してしまう。

政府は「介護離職ゼロ」を掲げているが、自己負担割合が上がってしまうと、同じ金額で受けられる介護サービスの水準が低下することになり、結果として家族の負担が増えてしまう。つまり、自己負担割合の引き上げと介護離職ゼロを両立させることは非常に難しいということが分かる。このため急激な自己負担率の上昇は考えにくいが、基本的には高所得者を中心に負担率は上昇する流れにあるとみた方がよい。

介護費用の総額という点では、介護する期間が重要なファクターとなる。言いにくいことではあるが、介護が始まったらどの程度の期間、その状態が続くのか、ある程度の見通しを立てておいた方がよい。いわゆる介護地獄に陥る人の多くが、先行きが見通せないことによる不安心理が状況を悪化させているからだ。

介護の状態は人によってそれぞれなので、一概には言えないが、平均的な介護期間というのは実はそれほど長くない。生命保険文化センターの調査によると、平均的な介護期間は4年11ヵ月となっている。

介護の期間が5年弱で済むのであれば、何とか対応できる可能性が高いが、あくまでこれは平均値である。介護期間については、数値の分布が広いという特徴がある。中にはかなり長期化するケースがあり、4年から10年未満というケースが29・9％、10年以上というケースも15・9％ある。10年以上ということになると、家族の負担は極めて大きいだろう。

正確な介護期間を事前に予想するのは不可能だが、ある程度までなら年齢を基準におおよその見通しを立てることはできる。要介護者が高齢の場合には、そもそも余命が限られているので、介護期間はそれほど長期にはならない。一方、それほど高齢ではない段階で介護にシフトした人は、10年以上の長期にわたって介護が必要なケースが出てくる。ちなみに厚労省の調査でも、10年以上の介護が必要となったケースが2割、5年以上10年未満もやはり2割となっている。

つまり、年齢がそれほど高くない段階で介護にシフトすることが最大のリスクであり、前期高齢者のうちは、とにかく要介護状態にならないよう留意することがリスクヘッジの手段ということになるだろう。認知症を自力で回避するのは難しいかもしれないが、脳梗塞や転倒の防止なら、ある程度までは個人でも対処が可能だ。

介護離職は避けた方がよい

介護のコストを考える際には、上記のような金銭的な支出に加えて、家族の負担という見えないコストについても考えておく必要がある。

厚労省の調査では、要介護2程度までは家族の負担はそれほど多くないという結果が出ている。要介護1では全体の60％が必要な時に手を貸す程度で済んでおり、要介護2でもその数字は43・8％となっている（一方で要介護1であってもほとんど終日の介護が必要というケースが14・6％もあるので一概には言えない）。

しかし要介護3以上になってくると終日の介護が必要という割合が急増してくる。もし家族が全員働いているような世帯では、誰かが仕事を休まざるを得ないという状況に陥る可能性が高いだろう。

２０１７年に新しい育児・介護休業法が施行され、介護休業については対象となる家族1人につき、3回を上限として通算93日まで取得できるようになった（例：約1ヵ月の介護休業を3回取得する)。だがこの制度はあくまで、介護の準備段階を支援するものに過ぎない。

当然のことだが、介護期間が93日で終わるケースはほとんどなく、この期間は、本格的な介護体制を整えるための準備に費やすものという位置付けになる。ケアプランの策定を行い、その後の介護の準備を行うための期間が通算で93日という意味である。

ただ、同法が改正されたことで、介護休暇の取得などについても、ある程度、柔軟な運用が行われるようになってきた。これまで1日単位だった介護休暇の取得が半日でも可能となったほか、介護が終了するまで、法律上は残業の免除などが受けられる。最終的には勤務する会社の体制によるが、こうした制度をうまく活用することで、介護期間を乗り切っていくしかない。

これらのやり方ではどうしても対応できないという場合には、家族の誰かが仕事を辞めるという選択肢が出てくるのだが、日本の場合、再就職の条件が極端に悪くなるケースが多いので、介護による離職は可能な限り避けた方がよいというのが現実だ。

かつて専業主婦世帯が多かった時代には、妻が親の介護を担当する世帯が多かったが、共働きの場合にはそうはいかないだろう。どちらかが完全に仕事を辞めてしまうのはリスクが大きいので、夫婦が交互に時間をやりくりし、その中でどうしても足りない部分については自己負担のサービスを活用するといった措置が必要となる。

介護離職は経済全体にも大きな影響を与える。

経済産業省が行った試算によると、介護離職による経済的な損失は年間6500億円に達するという。

先ほど、日本で介護保険によるサービスを受けている人は約640万人いると述べたが、一方で、就業しながら介護をしている人も350万人に達する。このうち、年間10万人程度が、仕事を続けられなくなり、介護を理由に職場を離れている。

先ほど述べたように、日本の場合、雇用の流動性が乏しいことに加え、ある程度の経済力がないと、外部のサービスを依頼するのも難しくなる。できるだけ介護離職は避ける方向でプランを立てた方がよいだろう。

実家をマネジメントしておく

いつ介護が必要な状態になるのか予想することは難しいが、そうなった時に備えておくことはある程度までなら実行できる。もっとも効果が大きいのは、両親の暮らす実家を戦略的にマネジメントすることである。

お盆や正月の帰省で、実家の状況について再認識する人は少なくないだろう。たいていの場合、年老いた両親が住む家はモノで溢れ返っており、不思議なことにその量は増える一方である。実家を適切に管理しなければと思っても、日常生活に戻ってしまうとなかなか手がつけられないのが現実ではないだろうか。

だが、日本は急速な人口減少社会に突入しており、実家をどう管理するのかによって、自身の経済的状況は大きく変わってくる。

総務省の住宅・土地統計調査によると、2013年時点における空き家の数は819万6000戸となっており、全住宅の13・5％を占めている。この割合は年々増加しており、近い将来は空き家率が30％を超えるとの試算もある。このところメディアで空き家問題が取り上げられる機会が増えているので、気になっている人も多いだろう。

この数字には、賃貸用住宅で借り手がいない物件などが含まれており、住む人が不在になったという意味での空き家とは限らない。実家マネジメントという趣旨に沿って考えた場合、該当する可能性の高い空き家は約320万戸と考えられる。この戸数も年々増加しており、今後も同じ傾向が続くことはほぼ間違いないだろう。

首都圏など大都市圏で世帯を持ち、実家には両親のみが住んでいるという家族はかなり多いはずだ。

親が元気なうちは何の問題もないが、60代から70代に入ってくると、何らかの疾患を抱える人が増えてくる。場合によっては入院などもあり得るが、それでも夫婦がともにしっかりしていれば、それほど大きな問題にはならない。

だが両親のどちらかが要介護になったり、あるいは他界してしまうと、状況は大きく変わる。

夫婦が2人で元気に生活しているのと、単身になってしまうのとでは、家の維持管理能力がまるで違ってくる。残された一人が相手を介護することになった場合、家の管理はさらに難しくなるだろう。最終的に他界してしまった後には、大量の家財とともに住宅だけが残される。

管理が行き届いていない住宅は、火災などのリスクもあり、そのまま放置することはできない。だが実家が遠い場所にあると、首都圏などから実家に戻って管理する負担が大きく、人によっては実家の管理を放棄してしまう。世帯の事情はさまざまだろうが、上記は、空き家が増える典型的なパターンのひとつといってよい。

コンパクトな住まいに替える

こうした事態に陥らないためには、両親が元気なうちから、実家をどうマネジメントしていくのかという、一種の「戦略」が必要となる。

先ほどの住宅・土地統計調査の結果を詳しく見ると興味深いことが分かる。空き家になっている約320万戸の住宅のうち72・4％が一戸建て住宅となっており、共同住宅は22・3％しかない。

マンションは利便性の高い場所に建っている可能性が高く、売却が容易であったことが推察される。売却が難しい郊外の戸建て住宅はなかなか処分できず、結果として空き家になったとみてよいだろう。

こうした状況を考えると、両親が要介護になった時、あるいは重大な疾患にかかった時、そして最終的に他界した時に備えて、動きやすい態勢を整えておくのが望ましい。もっとも効果的なのは、利便性や流動性が高いマンションなどへの早めの転居である。

両親もしくは子供にある程度の経済力がある場合には、両親が元気なうちに戸建て住宅を売却し、コンパクトなマンションに住み替えておくというやり方が考えられる。

マンションであれば、とりあえず全体の管理は管理会社が実施してくれるので、住人の負担は家の中だけになる。

長期入院したり、介護施設に入るという状況になった場合には、維持に必要な作業が最小限度で済むため、家族の負担はかなり軽減される。最終的に他界した場合でも、流動性が高いので、すみやかに売却・現金化が可能だ。

すでにこうした動きは数年前から各地で顕在化しており、郊外の戸建て住宅を売却し、都市部のマンションを購入する老夫婦はかなり多い。

経済力のある人は、売却価格よりも家の処分を優先するので、売却価格はどんどん下がっている。すでに郊外の戸建て住宅は価格崩壊を起こしているが、その原因のひとつとなっているのが、こうした住み替えニーズである。東京の人口減少ペースが他と比較して緩やかであることにも大きく影響しているはずだ。

自ら戸建ての自宅を売却し、利便性の高いマンションに自力で住み替えるような人は、かなり合理的なので、こうした世帯ではあまり大きな問題は発生しないだろう。だがすべての人が合理的な決断ができるとは限らない。人は年齢を重ねるほど、保守的になる傾向が顕著だが、そのような場合にはどうすればよいのだろうか。

二世帯住宅は経済的にマイナス

よくあるのが、両親が住み慣れた家から転居を望まないケースである。

たしかに、高齢になってから、使い勝手が分かっている家を住み替えるのは大きな負担である。年を取ってくると、人は頑固になるので、理詰めで話をしても、あまりよい結果は得られない。

このような時にモノをいうのが、日頃からのコミュニケーションである。

実家とは別に暮らしていても、親子のコミュニケーションが活発な家庭では、こうした会話は進めやすい。ふだんあまりやり取りがないにもかかわらず、お盆や正月に帰省した時に、いきなり住み替えの話を持ち出しても、両親は困惑するだけだろう。

日常的にコミュニケーションを取っていれば、わざわざ話題として持ち出さなくても、将来のことについて話す機会があるはずであり、こうした場を活用した方がスムーズであることは言うまでもない。

両親を説得するためのコツは、子供の利益だけではないという部分をうまく理解してもらうことに尽きる。実際、コンパクトなマンションへの転居は、老夫婦にとってもメリットが大きいので、この部分を理解してもらうことが何よりも重要である。

実家が広い戸建て住宅の場合、その傾向が特に顕著なのだが、たいていの実家は、どういうわけかおびただしい数のモノで溢れている。広い家の場合、多くのスペースがあるので、新しくモノを買っても古いモノを捨てずに済むため、状況は年々悪くなる。

年を取ると足元がふらついたりすることがあり、部屋がモノで溢れているのは危険である。転倒してケガを負い、そのまま体が動かなくなって要介護に至るというケースは多く、高齢者の場合、転倒がもたらすリスクは極めて大きいと考えた方がよい。引っ越しというのは、介護リスクを減らす対策でもあるのだ。

日常的なコミュニケーションができていれば、こうしたリスクについて両親に理解させるのも容易だろう。

企業におけるマネジメントのコツはコミュニケーションといわれるが、それは家族であっても同じことである。結局のところ、よいコミュニケーションがあれば、問題解決も容易になる。

実家をマネジメントする方策の一つとして、比較的近いエリアに住んでいる家族の場合、二世帯住宅を作るという選択肢もある。だが、今、起きている社会の変化を考えた場合、安易には決断しない方がよい。

　自己居住用の住宅といっても不動産という資産であることに変わりはなく、その価値を高く維持しておかなければ経済的にはマイナスとなる。売却できたり、賃貸物件として貸すことができなければ、価値は下がる一方であり、その点からすると、二世帯住宅には超えなければならないハードルが多い。

　不動産の章では、米国の不動産は資産価値を維持するため、ほとんどが同じ間取りになっているという話をしたが、これは日本でも同じことである。

　商品として販売したり、賃貸することを考えれば、クセのある間取りや内装を持つ家はどうしても不利になる。二世帯住宅は、その家族のために最適化された家なので、汎用性は犠牲になっていることが多く、売却する際には解体しなければならないこともある。当然だが賃貸のニーズも限られてしまう。

　もし親と半同居を望む場合には、近くにマンションを追加購入するという手段を選択した方がよいだろう。親が亡くなった後は自由に売却できるし、賃貸に回すことも可能となる。

空き家管理サービスと解体ローン

経済的な理由からどうしても転居ができないという場合には、まずは実家にあるモノの量を減らすことから考えるのがよい。

部屋にモノが溢れていると掃除の手間などが倍増する。親が入院したり、施設に入っている間、家の管理を簡便にすませるためには、家の中を可能な限りシンプルにしておいた方がよい。

いつ両親が実家を管理できなくなってもいいように、トラブルになりやすい部分について事前に対処しておくことも重要である。

古くなったコンセントなど、火災の原因になりやすい部分については、早めに修理しておくことをお勧めする。庭がある家の場合、立木が隣家や道路に影響を及ぼすケースがあるので、可能性のある立木はやはり早めに処分した方がよい。

空き家の増加が社会問題となりつつあることから、こうした作業をビジネスとして請け負う事業者も増えている。

不動産会社やNPO法人など多くの事業者が空き家管理サービスを提供しているので、一連のサービスについて事前に調べておくことも重要である。

これらのサービスに登録しておけば、月数千円から1万円程度の料金で、定期的な換気や清掃、雨漏りの確認、庭木、外装の確認などを行ってくれる。根本的に空き家の問題を解決できるわけではないが、トラブルになる前に対処できるというだけでも大きな違いだ。

解体費用を融資してくれる解体ローンを取り扱う金融機関も増えている。最終的には、こうした商品を利用するというのもひとつの方法である。

第7章　仕事

前半と後半、２つのキャリアを持つ時代に

40歳になったら終活を始めよう

人生の終わりに備えた活動のことを俗に「終活」などと称しているが、議論の対象となっているのは、たいていが60歳以上の高齢者である。

だが筆者は寿命100年時代だからこそ、終活はできるだけ早くスタートするのがよいと考えている。一般的に終活というのは、相続や墓地など、より具体的な準備について指す言葉かもしれないが、ここでいう終活は、もう少し広い意味で捉えていただければよい。

生涯労働社会においては、人生の前半と後半で、仕事や家庭生活に対する価値観を大きく変える必要がある。前半戦から後半戦へのシフトはスムーズな方が望ましく、そのためにも40代から広い意味での終活を始めるべきである。

年金のところでも触れたが、日本の公的年金の支給開始年齢は引き上げられる見通しとなっており、いずれは70歳からの支給開始となる可能性が高い。

政府はこれまで生涯労働については明言していなかったが、2018年11月26日に行われた未来投資会議などの合同会議において、現在、65歳までとなっている企業の継続雇用年齢に関して「70歳までの就業機会を確保する」とし、事実上、生涯労働制にシフトする方針を打ち出した。労働者側の意識も着実に変わっている。

日本経済新聞社が2018年に、18歳以上の男女に対して行った調査によると、65歳以降も働きたいと考えている人の割合は何と59％に達しており、12％は75歳以降も継続して働くことを望んでいる。

多くの人が就労を希望しているのは経済的な理由と考えられるので、一連の改革については、さまざまな意見があるだろう。しかしながら、今の財政状況でこの流れを回避することは難しく、わたしたちは生涯労働を前提に人生設計を行う必要がある。

一生涯、働き続けるとなると、60歳（あるいは65歳）で定年となる現在のキャリアパスは根本的に見直す必要が出てくる。これまでは、退職金と年金で老後の生活を成り立たせることが大前提であり、死亡するまでの期間もそれほど長くなかったので、現役時代の収支を大きく変える必要はなかった。

だが年金の支給開始が遅くなり、しかも金額が減額されるということになると、従来の感覚における現役時代の生活スタイルでは、老後の収支は合わなくなってくる。生涯雇用制度によって何らかの仕事に就ける可能性は高くなるが、体力的な問題もあり、若い時のような労働を続けることは現実的に不可能だ。

政府や企業は、キャリアパスの変更について着々と準備を進めており、すでに公務員の給与についてはその青写真が出てきている。民間企業もそれに近い形で賃金体系が変わっていく可能性が高いだろう。

では、今後、給与体系はどのように変わっていくのだろうか。

現在、国家公務員の定年は60歳だが、年金の支給開始は65歳となっている。このため60歳を超えた公務員については、無収入期間が発生しないよう、再任用制度というものが用意されていた。

現在、検討されている法改正は、再任用制度をなくし、定年を65歳まで延長するというものである。これまでも再任用で60歳以降も働くことができたという現実を考えると実質的な違いはないように見えるが、制度全体としては大きな違いになる。

再任用はあくまで定年後の一時的な処遇ということになるが、定年そのものを延長する場合、総人件費をどうするのかという問題に正面から向き合う必要が出てくる。

定年が延長されると、制度上、総人件費が増加するので、これを抑制するためには60歳を境に給与を引き下げるだけでなく、60歳未満の給与についても見直しが必要となってくる。

60歳を境に急に年収が減少するというのは、人生設計上あまり望ましいものではない。もし総人件費を増やさないことを前提にするのであれば、60歳未満の公務員についても、段階的に賃金を引き下げる措置が求められる。

現在、政府では、60歳以降については、60歳前の給料の7割程度まで減額することを想定しており、60歳未満についても賃金の上昇カーブを抑制する措置を検討している。60歳以上を7割にするというのは経過措置と位置付け、最終的には50代から給与水準がなだらかに下がる形を考えているようだ。

あくまで検討中なので、最終的にどうなるのかは分からないが、ひとつの方向性は示されたといってよいだろう。この法案が成立した場合、当然だが、民間企業の定年延長や賃金体系の改革にも大きな影響を与える可能性が高い。

現役時代の給与は6割まで下がる

今回の改革案は、少なくとも現在の年金支給開始年齢までの雇用が保障されるということだが、話がこれで終わるわけではない。政府内部ではすでに、定年をさらに70歳まで延長し、事実上の生涯雇用とするための施策について検討が進められている。

現在、高齢者の雇用については、高年齢者雇用安定法によって、定年を65歳にするか、65

歳まで継続雇用するか、もしくは定年を廃止するかのいずれかを選択することが定められている。政府が検討しているのは、この法律を再度改正し、継続雇用を70歳までに引き上げるというものである。

もしこの制度が具体的に動き出した場合、企業は難しい選択を迫られるだろう。

現時点における高年齢者雇用安定法への対策としては、定年の延長や定年制の廃止ではなく、再雇用による継続を選択している企業が圧倒的に多い。企業は人材のピラミッドを維持したいので、なかなか定年の廃止には踏み切れないというのが実状だ。

だが再度の法改正によって70歳までの雇用が義務付けられた場合、60歳以上の社員について、再雇用という中途半端な位置付けで処遇することは難しくなる。

公務員と同様、民間企業においても定年延長という措置が考えられるが、一方で定年を延長した場合には、全社員の昇給やポストの配分など、人事制度全般の変更が必要となり、企業の負担は極めて重い。

ホンネでは企業は70歳までの継続雇用に反対だろうが、この動きを回避するのは難しそうである。最大の理由は先ほどから何度も言及している年金改革である。政府ははっきりと口にしていないが、年金財政を維持するため、年金の支給開始年齢を最終的には70歳まで引き上げたい意向である。

そうなってくると必然的に70歳までの雇用を義務付けなければ、無収入者が続出してしまう。企業側は、60歳未満の社員の処遇をさらに抑制することで、この制度を受け入れるという形になる可能性が高い。では、この制度が導入された場合、社員の処遇はどの程度、引き下げられるのだろうか。

民間の場合、公務員のように税金が給料の原資ではないので、総人件費の抑制圧力はもっと高いだろう。

60歳以上の賃金を60歳前の7割に抑えるというプランは、人事院が民間事例を調査した結果にもとづいて決定したとのことだが、対象になっているのは大企業が中心と考えられる。したがって大企業は公務員と同様の賃金体系を提示する可能性が高いと思われるが、中小企業の場合、そうはいかない。

現時点において、日本の給与所得者の平均年収から擬似的に算出した生涯年収（大学卒業後60歳まで勤務と仮定）は約1億8000万円である（これは全体の数値なので男性に限ると約2億3000万円になる）。

従業員を70歳まで雇用する場合、企業は人件費総額の増大を強く警戒するので、公務員以上に生涯年収を増やさないよう、現役時代の給与をさらに引き下げる可能性が高い。公務員が7割の水準まで引き下げるということであれば、民間は6割まで下がると思った方がよいだろう。

もっとも削減効果が大きいのは中高年社員なので、一定以上のポストに就いていない人を管理職から外す、いわゆる役職定年を強化するとともに、高齢者については、雇用を保障する代わりに年収を引き下げる措置を実施するだろう。

仮に、55歳から役職定年がスタートし、60歳以降は、従来の現役世代の6割に年収が下がると仮定した場合、大雑把に計算すると、35歳以降は基本的に昇給しない給与体系にしないと企業は総人件費の増加を抑制できない。

さすがに35歳で昇給ストップは厳しいだろうが、40歳以降というのはかなり現実的な数字ではないだろうか。あくまで給与所得者全体のマクロ的な数字であり、個別のケースはさまざまだが、出世しない限り40歳以降は昇給しない社会が到来しつつあるのは間違いない。

生活のコンパクト化

これまでの日本社会は、一定以上の規模の会社に入れば終身雇用が保障され、年齢に応じて給料が上がるのが当たり前だった。

このため歳をとるほど支出が多くなり、家計がメタボになるのもごく普通のこととされた。しかしながら、年金の減額がほぼ必至となり、先ほどから説明している通り、年功序列の給与体系は維持できなくなる可能性が高い。

こうした時代に対応し、十分な経済的余力を得ておくためには、高齢者の領域に入る前に、できるだけ生活をコンパクトにしておくことが必須となる。

実はすでに現時点においても、生活のコンパクト化は、老後の生活を左右する重要なポイントになっていると考えてよい。

筆者は職業柄、老後の資金はいくら必要かという質問を受けることが多いのだが、老後に必要な資金は人によって異なるので、絶対的な正解はない。むしろ大事なのは老後にいくら必要なのかではなく、現役時代にどの程度の支出になっているのかである。

年金生活に入る前に生活をコンパクトにできた人は、年収が減ってもそれほど大きな影響を受けないが、現役時代にメタボな生活を続け、それを解消しないまま年金生活に突入した人は、たいていの場合、収支が悪化して、まとまったお金を取り崩す羽目になる。

すぐに今の生活を切り詰めることはできないかもしれないが、10年くらいの助走期間があれば、支出を減らし、生活そのものをコンパクトにすることは十分可能である。老後の準備を40歳から始める必要があるという話にはこうした背景があると考えてほしい。

もし70歳まで雇用が延長された場合、出世を実現できた一部の社員を除き、同じ会社に継続して在籍しているといっても、年収は大きく下がり、仕事の内容も自由に選択できるとは限らない。

会社組織がピラミッドである以上、部長から役員へと昇進できる人は限られている。同じ会社にいられたとしても、多くの人が事実上のキャリア転換を迫られるということであれば、それに対する備えをしておくに越したことはない。

40歳を過ぎたあたりから、自分はどの程度、会社で昇進できるのか、おおよそ見えているはずなので、そのコースに乗っていないと感じている人は、意識して後半戦のキャリア形成を考えた方がよいだろう。

もっとも大事なのは、自分の職業経験が今後も何らかの形で業務に生かせるのかという点である。どのような職種にせよ、経験値が重要な役割を果たすケースは多く、専門知識が活用できるのであれば、大きく仕事を変える必要はない。年齢が高くなると、どうしても体力的な面では不利になるので、できるだけ知恵で勝負できるよう工夫したい。

同じ会社の中で、経験値を生かせる部署があれば理想的だが、そうでない場合には転職を考える必要も出てくるだろう。一般的に中高年からの転職はそう簡単ではないが、70歳までの雇用が義務付けられれば、労働市場のあり方も変わってくる。それなりの経験値やスキルのある人物であれば、そして年収についてかなりの妥協ができる人であれば、仕事がまったく見つからないという可能性は低い。

一方で、職種によっては、これまでのキャリアが生かせないというケースも出てくるだろう。その場合には、違った仕事に就くことも想定しなければならない。

人によっては副業でその感触を確かめる必要があるかもしれないし、求人に関する基本的な情報収集も必要である。焦って決めるわけにもいかないので、やはり数年の猶予期間はあった方がよい。40歳に入ったあたりから、会社の仕事をこなしつつ、後半戦ではどのような仕事に就けばよいのかじっくり検討すればよいだろう。

人によってはシニア起業を考えている人もいるかもしれない。筆者は起業の経験もあるので断言できるが、シニアになってからの起業はできるだけ金銭的リスクが少ない方がよい。飲食店など先行投資が多い業種は避け、多額の資金を必要とせず、自身の体や知恵だけで勝負できる業種に絞った方がよい。

一般的にはネットを使った集客ということになるだろうが、一方で、地域社会にも意外とニーズは転がっている。マンションの管理組合など地域の集まりに積極的に顔を出すことで交友関係が広がり、結果として何らかの仕事につながる可能性もある。地域に馴染むのにも時間がかかるので、いわゆる「地域デビュー」は早ければ早い方がよい。とりあえず40代に入ったら、これらを強く意識して行動した方がよいだろう。50代以降の人は、時間が少ないのでなおさらである。

人間関係のコンパクト化が最重要

一連のキャリア再構築は、家庭生活のコンパクト化と同時並行することで相乗効果が得られる。現時点においても、老後になって経済的に苦労するのは、たいていがメタボな生活を見直せなかった人である。人生の後半戦をコンパクトに過ごすことができれば、老後に対する心配も大きく減るだろう。

では具体的に生活をスリムにするためには、何をする必要があるだろうか。

よく言われていることだが、家計の三大支出は家、クルマ、保険であり、このいずれかに手を付けなければ大きな効果は得られない。子供がいる世帯では教育費がこれに加わる。

自動車メーカーにとっては非常に厳しい話だが、これからの時代はクルマを所有することは贅沢という位置付けになるだろう。

クルマがないと移動がままならないという地域に住んでいる人以外は、必要な時にクルマを利用する形にライフスタイルを変える必要がある。

保険も同様である。高額の生命保険に加入するより、夫婦が共働きであることの方がリスクヘッジの効果は圧倒的に大きい。むやみに保険に頼るのではなく、総合的にリスクを管理していくことが重要だろう。

マイホームを検討している人は、中古を選択肢から外すのは現実的ではない。不動産は今後、利便性の高い場所とそうではない場所との二極分化が進むので、価値が下がらない物件を選ぼうとすると値段は上がる。取得コストを下げるためにも、中古について積極的に検討した方がよい。

支出をできるだけ抑制し、家計をコンパクトにするのはもちろんだが、筆者はこれに加えて、家の中にあるモノや、外部の人間関係もコンパクトにする必要があると考えている。

人の経済活動とモノの量は基本的に比例している。いろいろなことに手を広げすぎていると、当然、身の回りには関連したモノが増えてくる。人生の後半戦はキャリアを見直す時期なので、それまでの生活で当たり前だった習慣についても見直しの対象とし、場合によってはバッサリと切り捨てる決断をした方がよい。

もっともシンプルな例では、ゴルフはやらないと決めれば、ゴルフ道具は必要なくなり、その分のスペースを別なことに活用できる。必要なスペースが減れば、同じ家賃でより利便性の高い場所に転居することもできるし、同じ物件に住むにしても、部屋の空間を広く確保できる。

なぜ部屋のスペースについて言及したのかというと、人は年齢が上がっていくと、同じ行動を取るためにより広いスペースが必要となり、そうした状況に間取りが対応していないとケガのリスクが増えるからである。

若い時であれば、クローゼットの奥にしまってあったモノを無理な姿勢で引っ張り出すことができたかもしれないが、老後にはそうした無理はきかなくなる。家のスペースに余裕がないと、あちこち不用意にぶつけるようになり、転倒などのリスクが増える。

介護の章でも言及したが、高齢者が家の中での転倒をきっかけに要介護に陥るケースはかなり多い。家の中をシンプルにしておくことは、高齢化リスクのヘッジにもなるのだ。

先ほどのゴルフ用品の話からも推測できると思うが、所有するという行為は、その人の交友関係と関連性が高い。不必要な人脈が多い人ほど、余分なモノが多く、身の回りが整理されていない可能性が高い。

キャリアの見直しというのは、人間関係の見直しでもある。

優先度の低い交友関係とは距離を置き、今後の人生において重要度が高いと思える人にリソースを集中するのが望ましい。

結果として、自身の持ち物も整理されてくるはずであり、一連の整理が進んでくると、たいていの場合、食生活も大きく変わる。ムダな会食は減っている可能性が高いので、やはり支出の抑制につながるだろう。

おわりに　寿命100年時代に求められる新しい価値観

トヨタ販売網見直しが示すもの

地味ではあるが非常に興味深いニュースを耳にした。それはトヨタ自動車が全国各地の販売網の再構築に乗り出したというものである。

トヨタの販売網の再構築がなぜ興味深いのかというと、トヨタという存在は、日本社会そのものであり、販売網の抜本的な見直しというのは、日本社会の仕組みが本質的に変わりつつある現実を示しているからである。

これまでトヨタは、販売店の系列ごとに車種を分けて販売を行ってきた。

例えば、トヨタ店ではクラウン、カローラ店ではカローラ、ネッツ店ではヴィッツといった具合である。この販売方法はトヨタにおける経営戦略の根幹であり、圧倒的な業績を生み出す源泉でもあった。

トヨタがモデルとしたのは、かつて自動車業界の頂点に立っていた米GM（ゼネラル・モーターズ）である。

トヨタは社会階層に合わせて車種のブランドを構築するというGM流のマーケティング手法を日本に導入。若者向けのカローラ、ファミリー層向けのコロナ、中間管理職向けのマークII、エグゼクティブ向けのクラウンといった、一連のラインアップを構築してきた。

日本は年功序列の雇用形態なので、基本的に年収と年齢が比例する。同社はいわゆる出世魚の販売戦略を展開し、会社の中での役職が上がるにしたがって、上級車種に乗り換えさせるという形で顧客を囲い込んできた。

車種ごとに販売店を分けてしまうと、全体の効率は下がるが、特定顧客層への販売に集中できるので、販売数量を稼ぐことができる。多くの人にとって「会社」が人生のすべてであり、経済成長が続いていたので、この戦略は劇的な効果を発揮した。おかげでトヨタは圧倒的なナンバーワン企業になった。

トヨタは1980年代に「いつかはクラウン」という非常に有名なキャッチフレーズを打

ち出したが、成長と拡大が続く戦後日本経済のエッセンスがこの一言にすべて集約されているといってよい。

つまりトヨタが採用したマーケティング戦略は、日本における昭和型ライフスタイルそのものに立脚していたことになる。

ところが近年、この販売戦略が徐々に機能しなくなってきた。最大の理由は、消費者の購買力低下と人口減少、そして人々の根本的な価値観の転換である。

成長から成熟、所有から利用

国内の新車販売市場はバブル期を頂点として縮小が続いている。

１９９０年には年間８００万台近くの販売台数があったが、２０１７年は５２０万台にとどまった。日本は人口減少が進んでいるといわれているが、それでも数年前までは総人口はほぼ横ばいで推移していた。それにもかかわらず新車販売台数の下落が続いていたのは、日本人の購買力が著しく低下したからである。

国内では２０００年以降、軽自動車の割合が急上昇したが、これは労働者の実質賃金が低下する中、より安いクルマを求めた結果である。

これに加えて、ライフスタイルが多様化していることから、地域によって売れスジの車がバラバラということも珍しくなくなった。全国一律の販売戦略を実施することの効率の悪さが目立つようになっている。

こうした事態を受けてトヨタは販売戦略の抜本的な見直しを決断。2025年をめどに、現在60種ほどある車種を半分に絞り、すべての販売店で全車種を販売できるようにする。今後はいよいよ総人口の減少が始まることから、自動車はますます売れなくなる可能性が高いのだが、これに追い打ちをかけるのがカーシェアリングの普及である。

1台の自動車を複数の利用者が共同で使うカーシェアリングの市場は、今後、急速に拡大すると予想されている。

カーシェアリングの普及については、ITの発達など複数要因が考えられるが、利用者の価値観が根本的に変化したことが大きいだろう。

かつての時代であれば、多くの人が、無理をしてでもクルマを「所有」し、それに大きな満足感を得ていたはずだ。だが、世の中は確実にコンパクト化に向かっており、そうした時代においては、お金や手間のかかるモノを所有するのは負担でしかない。

カーシェアリングの車両台数はまだ数万台と自動車メーカーを脅《おびや》かすレベルではないが、

トヨタはすでにカーシェアリング事業に本格参入する方針を固めており、全国の販売店網をカーシェアリングの営業拠点にする準備を進めている。しかも、各地の営業拠点では、高齢者の見守りなど地域密着型サービスの展開も視野に入れているという。

一連の変革は、戦後のトヨタとしては最大級の決断といってよい。

トヨタがこれだけの決断を行ったということは、「成長と所有」を前提にした経済の仕組みが根本的に変わったことを意味している。日本社会は名実ともに「成熟と利用」「コンパクト化」の時代に向かって動き始めたといってよい。

他人とのつながりで報酬を得る

こうした時代においては、かつてのような拡大を前提にした画一的なライフスタイルは馴染まなくなる。個性を発揮し、よりコンパクトで機能的、かつ持続可能な生活を送れる人の方が、仕事で高い成果を出し、プライベートも充実させることができるだろう。

すでに各地でその傾向が顕著となっているが、拡大を前提としない新しい時代においては、狭い範囲への人口集約が進む可能性が高い。東京の中であれば、郊外から23区へ、地方であれば、地方中核都市への人口集約や機能集約が起こる。

一連の動きは限界集落などの問題を引き起こす可能性があるが、人口が減るだけでなく、大量生産・大量消費時代が終了した今となっては、この動きを止めることは難しい。

むしろこうした流れは不可逆的であることを前提にし、その影響が最小限になるよう各種の支援策を考えた方が合理的だ。個人レベルとしては、できるだけそうした流れに乗ることができるよう、仕事や住居などについて戦略的に考えていく必要がある。

社会のＩＴ化が進めば、通信環境が改善して、集約化が抑制されるという見立てもあったが、結果はむしろ逆となっている。

米国のシリコンバレーがその代表だが、ここにはＩＴや通信に関する先端企業が集まっている。ＩＴや通信の技術があれば、会社の場所はどこにあってもよさそうなものだが、実際は違った。通信手段が豊富になったおかげで、むしろ直接会って情報交換する重要性が増してしまったのである。

先端企業に投資をするベンチャーキャピタルと呼ばれる投資会社の中には、30分以内に行けるところにオフィスを持っていない企業には投資をしないというところさえある。

あまり価値の高くない事務的な用件はメールやＳＮＳで済ませるが、本当に大事な人とは直接会った方がよいに決まっている。この流れが加速した結果、ある地域への拠点集約が進んでいるというのが現状だ。

米国では、イノベーションをもたらすような職種の仕事（たとえば先進的ネット企業のエンジニアなど）が1件増えると、その地域のサービス業で5件の雇用が生まれるという効果も確認されている。

増える雇用はハイテクの関連企業のものではなく、ジムのインストラクターやカフェの店員といった一般的なサービス業の仕事である。

今後は日本においても、拠点集約がさらに進み、他人との機能的なつながりの中で、報酬を得ていくことが標準的になるだろう。

本書では40歳を境にキャリアを見直すべきという話をしたが、人生後半のキャリアというのは、まさにこうした環境で発揮されることになる。

一連の新しいコミュニティは、人とのつながりが重視されているという点では、従来と似ているかもしれないが、いわゆるムラ社会とは根本的に違っている。あくまで機能ベースの緩やかなつながりであり、上下関係が支配するベタベタとした人間関係ではない。

こうした時代において重要となるのは、自分を他人に紹介するスキルと、他人を信じるスキルである。

寿命100年時代のスキル

昭和の時代は、サラリーマンにとって「カイシャ」というものが、人生のすべてだったが、寿命100年時代にはそうはいかなくなる。少なくとも人生の後半戦においては、新しいコミュニティへの参加について積極的に模索する必要があるだろう。

新しいコミュニティでは、近いエリアに多数の人が住んでいるが、ムラ社会のようにプライベートに過度に干渉するようなことはない。したがって、濃密な人間関係の中で仕事を紹介してもらうという流れは考えにくい。

むしろSNSなどを通じて、自分がどんな人間で、どのような仕事ができるのか、的確に説明できる人の方が、圧倒的に仕事を得やすくなるだろう。これからの時代は、「会えば分かる」といった感覚は捨て去った方がよい。自身をしっかりプレゼンテーションできない人は、キャリア上、圧倒的に不利にならざるを得ない。

従来型ムラ社会であれば、お互いの生活をよく知っているので、相手を疑う必要はなかったが、一方で自分が属する集団の外部に対しては、著しく疑心暗鬼になりがちである。

近年、病院や介護施設などにおいて、過剰なクレームを付けるモンスター患者やモンスター家族が大きな問題となっている。こうした騒ぎを起こす人に対しては毅然とした対応が必要なのは言うまでもないことだが、過剰クレームが増えている背景には、日本社会の変質が大きく関係している。

クレーマーの多くは「自分の気持ちを分かってくれない」という部分がフラストレーションの原因となっており、いくつかの条件が重なって、暴力的な言動につながっている。

もしかすると、こうしたクレーマーたちは、従来型のムラ社会ではそれほど暴力的ではなかったかもしれない。だが、現代社会では、見ず知らずの他人と機能的に結びつき、相手を理解したり信用する能力が求められる。彼等は、他人との距離の取り方や、要望の伝え方が分からず、一種のパニックを起こしているのだ。

総務省が行った調査によると、ネットかリアルかは区別せず「ほとんどの人は信用できる」と回答した日本人はわずか33・7％しかおらず、その割合は各国の半分しかなかった。つまり日本人は基本的に他人を信用していない。

実は経済活動において、相手を信用できないことによって生じるコストは膨大な額になる。

信用できない相手と取引するリスクを軽減するためには、多額の調査費用をかけて相手を調べたり、すべての案件で契約書を作成するといった作業が必要となり、時間とコストを浪費する。これを回避するには、よく知っている相手だけに取引先を絞り、狭い範囲で顔を合わせて経済活動するしか方法がなくなってしまう。

従来の日本型社会では、よく知っている系列会社としか取引しないといった閉鎖的な商慣行があり、それによって信用リスクを回避してきたが、これからはこうした価値観はますます通用しなくなるだろう。ムラ社会の外でもしっかりとコミュニケーションを確保するスキルがないと、先ほどのモンスター・クレーマーのようになってしまう可能性が高い。

知らない他人を見極め、そして信用する「能力」は、寿命１００年時代における必須のスキルといってよい。信用しつつも過度に依存しないという振る舞い方が身に付けば、仕事のみならず、介護や医療など、外部のサービスを使いこなすにあたっても、大きな助けとなるはずだ。

加谷珪一

経済評論家。仙台市生まれ。1993年東北大学工学部原子核工学科卒業後、日経BP社に記者として入社。野村證券グループの投資ファンド運用会社に転じ、企業評価や投資業務を担当。独立後は、中央省庁や政府系金融機関などに対するコンサルティング業務に従事。また数多くの媒体で連載を持つほか、テレビやラジオなどでコメンテーターを務める。お金持ちの実像を解き明かした書籍『お金持ちの教科書』はベストセラーとなった。主な著書に『お金持ちの教科書』(CCCメディアハウス)、『戦争と経済の本質』(総合法令出版)、『お金は「歴史」で儲けなさい』(朝日新聞出版)、『ポスト新産業革命』(CCCメディアハウス)などがある。

講談社+α《プラスアルファ》新書 813-1 C

定《てい》年《ねん》破《は》産《さん》絶《ぜっ》対《たい》回《かい》避《ひ》マニュアル

加《か》谷《や》珪一《けいいち》

2019年3月18日第1刷発行

発行者――――― 渡瀬昌彦

発行所――――― 株式会社 講談社
東京都文京区音羽2-12-21 〒112-8001
電話 編集(03)5395-3522
販売(03)5395-4415
業務(03)5395-3615

デザイン――――― 鈴木成一デザイン室

カバー印刷――――― 共同印刷株式会社

印刷――――― 豊国印刷株式会社

製本――――― 株式会社国宝社

本文データ制作――――― 講談社デジタル製作

本文図版――――― 講談社デジタル製作

定価はカバーに表示してあります。

落丁本・乱丁本は購入書店名を明記のうえ、小社業務あてにお送りください。

送料は小社負担にてお取り替えします。

なお、この本の内容についてのお問い合わせは第一事業局企画部「+α新書」あてにお願いいたします。

Printed in Japan
ISBN978-4-06-515409-0

講談社＋α新書

書名	著者	内容	価格	番号
遺品は語る 遺品整理業者が教える「独居老人600万人」「無縁死3万人」時代に必ずやっておくべきこと	赤澤健一	多死社会はここまで来ていた！ 誰もが一人で死ぬ時代に、「いま為すべきこと」をプロが教示	800円	735-1 C
ドナルド・トランプ、大いに語る	セス・ミルスタイン 編 講談社 編訳	アメリカを再び偉大に！ 怪物か、傑物か、全米が熱狂・失笑・激怒したトランプの〝迷〟言集	840円	736-1 C
ルポ ニッポン絶望工場	出井康博	外国人の奴隷労働が支える便利な生活。知られざる崩壊寸前の現場、犯罪集団化の実態に迫る	840円	737-1 C
18歳の君へ贈る言葉	柳沢幸雄	名門・開成学園の校長先生が生徒たちに話していること。才能を伸ばす36の知恵。親子で必読！	800円	738-1 C
本物のビジネス英語力	久保マサヒデ	ロンドンのビジネス最前線で成功した英語の秘訣を伝授！ この本でもう英語は怖くなくなる	780円	739-1 C
選ばれ続ける必然 誰でもできる「ブランディング」のはじめ方	佐藤圭一	商品に魅力があるだけではダメ。プロが教える選ばれ続け、ファンに愛される会社の作り方	840円	740-1 C
歯はみがいてはいけない	森昭	今すぐやめないと歯が抜け、口腔細菌で全身病になる。カネで歪んだ日本の歯科常識を告発!!	840円	741-1 B
やっぱり、歯はみがいてはいけない 実践編	森昭 森光恵	日本人の歯みがき常識を一変させたベストセラーの第2弾が登場！ 「実践」に即して徹底教示	840円	741-2 B
一日一日、強くなる 伊調馨の「壁を乗り越える」言葉	伊調馨	オリンピック4連覇へ！ 常に進化し続ける伊調馨の孤高の言葉たち。志を抱くすべての人に	800円	742-1 C
50歳からの出直し大作戦	出口治明	会社の辞めどき、家族の説得、資金の手当て。著者が取材した50歳から花開いた人の成功理由	840円	743-1 C
財務省と大新聞が隠す本当は世界一の日本経済	上念司	財務省のHPに載る七〇〇兆円の政府資産は、誰の物なのか!? それを隠すセコ過ぎる理由は	880円	744-1 C

表示価格はすべて本体価格（税別）です。本体価格は変更することがあります

講談社+α新書

上海の中国人、安倍総理はみんな嫌い だけど8割は日本文化中毒！
山下智博
中国で一番有名な日本人——動画再生10億回!! 「ネットを通じて中国人は日本化されている」
860円 776-1 C

戸籍アパルトヘイト国家・中国の崩壊
川島博之
9億人の貧農と3隻の空母が殺す中国経済…… 歴史はまた繰り返し、2020年に国家分裂!!
860円 777-1 C

習近平のデジタル文化大革命 24時間を監視され全人生を支配される中国人の悲劇
川島博之
共産党の崩壊は必至!! 民衆の反撃を殺すため ヒトラーと化す習近平……その断末魔の叫び!!
840円 777-2 C

知っているようで知らない夏目漱石
出口汪
きっかけがなければ、なかなか手に取らない、生誕150年に贈る文豪入門の決定版！
900円 778-1 C

働く人の養生訓 あなたの体と心を軽やかにする習慣
若林理砂
だるい、疲れがとれない、うつっぽい。そんな現代人の悩みをスッキリ解決する健康バイブル
840円 779-1 B

認知症 専門医が教える最新事情
伊東大介
正しい選択のために、日本認知症学会学会賞受賞の臨床医が真の予防と治療法をアドバイス
840円 780-1 B

工作員・西郷隆盛 謀略の幕末維新史
倉山満
「大河ドラマ」では決して描かれない陰の貌。明治維新150年に明かされる新たな西郷像！
840円 781-1 C

2時間でわかる政治経済のルール
倉山満
消費増税、憲法改正、流動する外交のパワーバランス……ニュースの真相はこうだったのか！
860円 781-2 C

「よく見える目」をあきらめない 遠視・近視・白内障の最新医療
荒井宏幸
劇的に進化している老眼、白内障治療。50代、60代でも8割がメガネいらずに！
860円 783-1 B

野球エリート 野球選手の人生は13歳で決まる
赤坂英一
根尾昂、石川昂弥、高松屋翔音……次々登場する新怪物候補の秘密は中学時代の育成にあった
840円 784-1 D

NYとワシントンのアメリカ人がクスリと笑う日本人の洋服と仕草
安積陽子
マティス国防長官と会談した安倍総理のスーツの足元はローファー…日本人の変な洋装を正す
860円 785-1 D

表示価格はすべて本体価格（税別）です。本体価格は変更することがあります

講談社+α新書

本社は田舎に限る	吉田基晴	徳島県美波町に本社を移したITベンチャー企業社長。全国注目の新しい仕事と生活スタイル	860円	797-1 C
50歳を超えても脳が若返る生き方	加藤俊徳	寿命100年時代は50歳から全く別の人生を！今までダメだった人の脳は後半こそ最盛期に!!	880円	798-1 B
99%の人が気づいていないビジネス力アップの基本100	山口博	アイコンタクトからモチベーションの上げ方まで。「できる」と言われる人はやっている	860円	799-1 C
妻のトリセツ	黒川伊保子	いつも不機嫌、理由もなく怒り出す――理不尽極まりない妻との上手な付き合い方	800円	800-1 A
世界の常識は日本の非常識 自然エネは儲かる！	吉原毅	新産業が大成長を遂げている世界の最新事情を紹介し、日本に第四の産業革命を起こす1冊！	860円	801-1 C
明日の日本を予測する技術 「権力者の絶対法則」を知ると未来が見える！	長谷川幸洋	ビジネスに投資に就職に!! 6ヵ月先の日本が見えるようになる本！ 日本経済の実力も判明	880円	803-1 C
人が集まる会社 人が逃げ出す会社	下田直人	従業員、取引先、顧客。まず、人が集まる会社をつくろう！ 利益はあとからついてくる	820円	804-1 C
志ん生が語る クオリティの高い貧乏のススメ 昭和のように生きて心が豊かになる25の習慣	美濃部由紀子	NHK大河ドラマ「いだてん」でビートたけし演じる志ん生は著者の祖父、人生の達人だった	840円	805-1 A
精日 加速度的に日本化する中国人の群像	古畑康雄	日本文化が共産党を打倒した!! 対日好感度も急上昇で、5年後の日中関係は、激変する!!	860円	806-1 C
定年破産絶対回避マニュアル	加谷珪一	人生100年時代を楽しむには？ ちょっとのお金と、制度を正しく知れば、不安がなくなる！	860円	813-1 C

表示価格はすべて本体価格（税別）です。本体価格は変更することがあります